U0936459

汉语新词语（2019-2020）

邹煜 主编

图书在版编目(CIP)数据

汉语新词语:2019—2020 / 邹煜主编. —北京:商务印书馆,2021
ISBN 978-7-100-20459-0

Ⅰ.①汉… Ⅱ.①邹… Ⅲ.①汉语—新词语—2019-2020 Ⅳ.①H136

中国版本图书馆CIP数据核字(2021)第214500号

汉语新词语(2019—2020)
邹 煜 主编

商 务 印 书 馆 出 版
(北京王府井大街36号 邮政编码100710)
商 务 印 书 馆 发 行
北 京 冠 中 印 刷 厂 印 刷
ISBN 978-7-100-20459-0

2021年11月第1版 开本 787×1092 1/32
2021年11月北京第1次印刷 印张 7⅜

定价:48.00元

审　　订　李志江　侯　敏

主　　编　邹　煜

主编助理　邹沫佳　岳　珅　卫酉祎

编 委 会　李志江　刘一玲　周洪波　郭　熙
　　　　　侯　敏　余桂林　李智初

编　　写　（按音序排列）
　　　　　陈凤英　陈可意　陈　茜　陈诗阳
　　　　　陈天宇　陈　婷　陈　鑫　陈星宇
　　　　　陈雪彤　陈彦池　程南昌　韩位楠
　　　　　李　姣　李正涵　刘佳雨　邱哲文
　　　　　沈旭阳　宋　康　宋文超　孙　红
　　　　　谭瑞雪　滕永林　王楚楚　王诗惠
　　　　　卫酉祎　吴梦妮　徐楠翕　徐雨蝶
　　　　　颜　明　余玲燕　岳　珅　张睿钰
　　　　　邹沫佳　邹　煜

责　　编　李智初

插　　图　廖诗意　王翔宇

目　　录

前　　言

历时两年多的不断打磨，《汉语新词语（2019—2020）》终于杀青付印。这是自新词语监测工作开展以来，新词语编年本词典又一次新的尝试：希望在原来年度性的时段上再稍微拉长一点，以两年的时段来观察新词语。

自新词语监测工作一开始我就参与其中，从一名普通的编者到协助导师侯敏教授共同担任编年本词典的主编，再到独立担任主编，已历经十五载。期间的艰辛和困难外人恐怕很难体会，尤其是新词语词典，一是可参照的语料有限，二是词条本身还在不停地发展变化。有时候想想，真如陈原先生所说的那样，编词典的活儿不是人干的。不过，在书稿付印之际，内心的喜悦之情自然也是溢于言表的。

语言发展中的新词语直接反映社会变化的聚焦点，反映社会生活的新变化。从1984年著名语言学家吕叔湘先生号召《大家来关心新词新义》开始，有关新词语的收集、整理工作就一直没有停歇过，比如《现代汉语词典》历次的修订都会增收一部分新词语、增补一部分新义。2016年9月出版的《现代汉语词典》（第七版）就增收了近几年涌现的新词语400多条，增补新义近100项。除此之外，这项工作最重要的一方面还体现在以一定时段进行的新词语词典的编纂。这里的“一定时段”最初是以若干年为一个单位的，短的至少二三十年，长的可达四五十年。其中，“能够比较及时地反映新词语面貌的是按年度来编纂的新词语工具书”[①]，即新词语编年本词典。1992 年 6 月出版的《1991 汉语新词语》被称为新词语编年本的“开山之作”[②]。随后，《1992 汉语新词语》《1993 汉语新词语》和《1994 汉语新词语》先后出版。

2005 年，国家语言资源监测与研究中心开始启动语言监测工程。2006 年，国家语委在厦门召开的国家语言资源监测与研究中心第二次工作会议上决定把年度新词语监测作为一项重要的常规任务，由国家语言资源监测与研究有声媒体中心承担。这项工作才在中断了十余年后重启。但是囿于自动提取新词语技术上难度较大，故计划在 2006 年做好技术上的准备，2007 年拿出监测结果在语言生活绿皮书(即《中国语言生活状况报告》系列丛书)中发布。与此同时，周荐教授承担的国家语委科研项目“新词语编年本”有了研究成果。他们采用人工的方式“抽取”出了 2006 年新词语候选，再经过国家语言资源监测语料库验证查实，确认了 2006 年汉语新词语共 171 条。这些词目收录于 2007 年 8 月出版的《中国语言生活状况报告(2006)》(下编)中。随后，他们又将这

① 周荐. 新词语研究和新词语词典编纂六十年[J]. 辞书研究，2015(2)：14-19.

② 王铁昆. 简评《1991 汉语新词语》[J]. 语言文字应用，1993(1)：80-84.

些词条加上拼音、词性、释义和例句编成《2006 汉语新词语》，由商务印书馆于 2007 年 12 月出版。

自 2007 年开始，国家语言资源监测与研究有声媒体中心侯敏教授带领团队采用“先机器后人工”的方法搜获年度新词语。当年在 10 亿字次的语料中得到 452 条新词语，后经专家审定，剔除偶发的、不易确定时间的以及品位低下的，剩余 254 条词语。然后把这 254 条词语附上提示性释义、例句和其在国家语言资源监测语料库中出现的频次、文本数，收录于第三部语言生活绿皮书《中国语言生活状况报告(2007)》(下编)中向社会公布。自此以后，每年出版的语言生活绿皮书都会收录当年的新词语[①]。

接着，我们又将在语言生活绿皮书中公布的 254 条新词语与周荐教授团队所做的 2007 年年度新词语合并起来，去除重复者，又经过若干调整，编成《2007 汉语新词语》。在体例上，为了方便读者研究，在一些词条后面增加了“相关词语”板块。新词语编年本的这种编纂机制一直持续至《2010 汉语新词语》。自 2011 年开始，新词语编年本编纂工作由国家语言资源监测与研究有声媒体中心独立承担。也是从这一年开始，中国媒体十大新词语成为“汉语盘点”重要组成部分在每年年末定期发布，引起了媒体、读者(听众、网民等)和

---

① 自《中国语言生活状况报告(2011)》开始，年度新词语收录于书后所附的光盘中，便于研究者使用。随后，又为了满足更多读者的需求，也体现新技术和环保的考虑，自《中国语言生活状况报告(2020)》起，去掉后附光盘，采用手机扫描二维码的形式读取，每个文件对应一个二维码。

专家的广泛关注。

由于自2007年开始,我们采用了"先机器后人工"的方法搜获新词语候选,这也使得2007年及以后的新词语编年本的编纂"充分体现了辞书编纂手段和辞书编纂理念的现代化",是"新世纪具有真正意义的编年本新词语"①。这是因为,在2007年之前,几乎所有编年本中的新词语词条都是靠人工阅读报纸杂志并从中摘取的,有些在人工摘取的基础上再做一些技术性处理。比如《2006汉语新词语》,采用的方法是"先手工甄选再机器核查的办法"②,即先从报刊和网络中人工搜集新词语,然后借助国家语言资源监测语料库进行跨年度语料的回查、验证,确认年度新词语的身份。如果单靠人工,"这样得到的新词语,不可能全面,更不可能知道所得新词语最早是在什么时候、什么地方出现的"③。"较好的办法是'先机器后人工',先用语料库自动抽取新出现的词语,然后由人工审阅,剔除那些不合'新词'资格的词语。"④

在此过程中,我们也一直在改进和优化计算机自动提取新词语候选词表的技术路线。比如,2007年采用的是"全切

---

① 周明海.辞书编纂现代化趋势下的新词语词典编纂——评《2007汉语新词语》《2008汉语新词语》[J].辞书研究,2011(4):102-108.

② 王铭宇.研制与思考:2006年汉语新词语[J].语文建设,2007(10):52-53.

③ 邢福义.新词语的监测与搜获——一个汉语本体研究者的思考[J].语文研究,2007(2):1-4.

④ 邹嘉彦、游汝杰.汉语新词与流行语的采录和界定[J].语言研究,2008(2):53-61.

分对比法”,2008 年则在此基础上增加了“特征对比法”[①],2009 年在采用与前两年相同的方法外,还尝试使用先分词、再合并的“切分组合对比法”,该方法可以较大幅度减少垃圾串的数量[②],2010 年采用的是“全切分对比法”、“切分组合对比法”和“特征对比法”三种方法,使新词语的搜获更为全面,减少遗漏[③]。

收词原则方面。在开始新词语监测伊始,我们确立的新词语编年本词目收录的总原则是要符合公众的语感,具体的准则是“宽容、全面、前瞻”[④]。收词要宽容,就是不以新词语的生命长短为衡量标准,只要它在语言生活中实现了交际价值、体现了文化传录功能的就应收录。张普教授曾提出,从研究的角度看,与那些已经登录的词语或稳定性强的词语相比,稍纵即逝的词语其价值并不低[⑤]。

说到全面,新词语编年本应该收录下该年度一定社会空间出现的新词语现象。自 2007 年以来的编年本词典中所收录的新词语主要来自于大众媒体,包括主流报纸、广播电视

---

① 国家语言资源监测与研究中心. 中国语言生活状况报告 2008(下编)[M]. 北京:商务印书馆,2009.

② 国家语言资源监测与研究中心. 中国语言生活状况报告 2009(下编)[M]. 北京:商务印书馆,2010.

③ 教育部语言文字信息管理司. 中国语言生活状况报告 2011[M]. 北京:商务印书馆,2011.

④ 侯敏. 关于新词语编年本编纂的思考[J]. 辞书研究,2010(2):29-38.

⑤ 张普. 关于大规模真实文本语料库的几点理论思考[J]. 语言文字应用,1999(1):34-43.

和各大门户网站的网络新闻。近几年,随着媒体融合的发展,我们把主要媒体(如人民日报、新华社、央视等)和政府部门"两微一端"新媒体平台上出现的新语言现象也纳入收录的范围,力求全面且符合大众的语感。

前瞻,是指有些词语,或者是由于出现在年末岁尾,或者其他原因,在该年度的语料库中出现的频次极低,但如果能预测到其生命力,也可以收录。比如"学习强国",它是 2019 年 1 月 1 日正式上线的,这之后的频次迅速增加,随便在百度上一检索,不下于七八百万的结果。但在此之前,其频次极低,由于在 2019 年年初我们预测到了其强大的生命力,把"学习强国"收录进了《2018 汉语新词语》中。

基于此,我们承担的年度新词语监测工作一直持续至今。另外,截至 2019 年年底,新词语编年本词典已连续出版了 13 本,即《2006 汉语新词语》至《2018 汉语新词语》。

最后,借用侯敏教授在《2007 汉语新词语》后记中的话作为结束语:"新词语是语言监测和语言研究的永恒的主题。编年本是反映新词语监测结果的最好形式。我们会在朋友们的支持下继续这项工作。"

没错,2021 年的新词语监测工作已经开始了。

邹　煜

2021 年 9 月初于北京

凡　例

一、本书正文收录2019—2020年产生的新词、新语和新义、新用法共计499条，附录补收2014—2018年产生的新词、新语和新义、新用法194条。

二、词目按音序排列。字母打头的词语排在最前面，阿拉伯数字打头的次之，然后是汉字构成的词语。汉字构成的词语，读音相同的按笔画多少顺序排列；笔画相同的，按起笔横、竖、撇、点、折的顺序排列。

三、词目根据《汉语拼音正词法基本规则》标注拼音。词目中的阿拉伯数字、罗马字母及其他字母直接列出，不再标音。轻声字不标声调。

四、汉语拼音之后，标出词目的词性。词性标注的原则是，绝大多数双字单位，视为词，标出词性；三字单位，根据情况，视为词的，标出词性，视为短语的，不标词性；四字及四字以上单位，一般不视为词，不标词性。

五、多义项条目用❶❷❸……加以区分。

六、词目均配有例句，前面标记[例]。例句主要选自平面媒体(报纸)及有声媒体(广播电视节目转写文本)，也有部分选自网络媒体。例句括注出处。少数例句末尾没有标点的，为原文的标题。

七、一些词语配有知识窗或相关词语。知识窗用"📖"标记,相关词语用"🧑"标记。相关词语主要按音序排列,辅以形序、义序排列。所列相关词语中,左上角标"*"号的是本书中所列词目。

八、属于新义、新用法的,在词目左上角标"*"号以示区别。

A

【ACE 交通引擎】 ACE jiāotōng yǐnqíng 集自动驾驶、车路协同、效率出行于一体的现代化智能交通体系。ACE 是英文 Autonomous Driving, Connected Road, Efficient Mobility 的缩写。[例]今年 4 月,百度首次公开 Apollo 智能交通解决方案,对外正式发布的“ACE 交通引擎”,是国内外第一个车路行融合的全栈式智能交通解决方案。(2020 年 5 月 9 日《南方日报》)|“ACE 交通引擎”Apollo 智能交通方案通过统一的底座支持多种应用,是全球第一个具有路侧全息感知能力的自动驾驶车路协同系统。(2020 年 6 月 19 日人民网)

【AIoT】 人工智能物联网。AIoT 是人工智能技术与物联网在实际应用中的融合。AIoT＝AI＋IoT,AI(人工智能)是英文 Artificial Intelligence 的缩写,IoT(物联网)是英文 Internet of Things 的缩写。[例]小米将把握好 5G 在 AIoT 领域应用的历史机遇,将其作为我们下功夫突破的方向。(2019 年 3 月 16 日《光明日报》)|创维将在 5G 时代迎来红利期,实现全面超越,引领 AIoT 行业未来发展。(2019 年 3 月 29 日《北京晚报》)

【ARK OS】 华为鸿蒙操作系统在欧洲的注册名。因英文 ARK 意为诺亚方舟,故也称“方舟系统”。[例]华为自研系统极有可能在国内的名称叫作“鸿蒙”,而海外市场叫“Ark OS

知识窗
相关词语

(方舟系统)”。(2019 年 5 月 28 日腾讯网)｜据外媒报道称,华为在德国申请的专利被进一步挖掘后,一组疑似“ARK OS”的界面截图出炉,由于专利图不代表实际产品,最终鸿蒙或者 ARK OS 系统是否是这个样子的还需等华为官方说明。(2019 年 6 月 7 日腾讯网)

【awsl】 网络用语。用来表达看到喜爱之物时的激动心情。最早源自日语罗马化形式 A Watashiwa Shintei Lu 的缩写,意为“啊,我死了”。这与“啊,我死了”的汉语拼音缩写一致,同时,也衍生出了“阿伟死了”等拼读方式。2019 年 12 月 4 日,该词入选哔哩哔哩发布的 2019 年十大弹幕热词榜。例 还记得这几天一直霸屏的“awsl”等缩写热词的含义吗?一不留神,这些热点就出现在省考试卷上!(2019 年 12 月 8 日人民网)｜当 awsl(啊,我死了)成为“年度弹幕”,其背后透出的是年轻人对待生活、对待人生的态度。(2019 年 12 月 26 日《中国青年报》)

【阿中哥】 āzhōnggē 名词。饭圈女孩对中国的爱称。也称“阿中”。例 在新中国即将迎来 70 周年华诞之际,来自澳大利亚、索马里、日本和希腊的外国友人,分别向中新网记者讲述了自己与中国的故事,并向“阿中哥”真情告白。(2019 年 9 月 29 日中国新闻网)｜最质朴的告白:阿中哥的天空灿若星河(2019 年 10 月 6 日腾讯网)

大衣哥 淡定哥 励志哥 犀利哥 章鱼哥 外卖小哥

【安康码】 ānkāngmǎ 名词。安徽健康码的名称。安徽省在“皖事通”平台上推出的疫情防控通行码。以绿、黄、红三色实施动态管理,可在省内和江浙沪各地互认通用。例 上海"随申码",浙江"健康码",江苏"苏康码",安徽"安康码"……目前,长三角已在全国率先实现了健康码全覆盖。(2020 年 3 月 6 日《新民晚报》)｜"安康码"通过"一人一码、一码三色"的方式,实现交通出行、企业复工等"亮码"通行。(2020 年 3 月 26 日《光明日报》)

相关词语见"红码"。

【安排上了】 ānpái shàng le　网络用语。多指处理或解决某人、事、物的计划已经提上日程。来自东北话。例不少机构已经纷纷把短期露天电影院安排上了,影迷可以一边看片,一边与伙伴们欢乐玩耍。(2019 年 6 月 30 日《新民晚报》)｜童颜夫妇甜蜜日常不断升级,令看剧观众纷纷表示:初吻可以安排上了。(2019 年 7 月 20 日人民网)

【暗坑】 ànkēng　名词。隐藏不露的陷阱;使人上当吃亏的圈套。例媒体调查发现,热闹的"娃经济"背后藏有不少"暗坑":一批亲子班收完钱后"人去班空";一些培训机构运营资质"不清不楚"、不少商品或服务"货不对板"。(2019 年 8 月 19 日《经济日报》)｜记者调查发现,在一些网络平台上,"成功学经济"已成为一门生财之道,而其背后却潜藏不少"暗坑"。(2019 年 12 月 26 日《北京晚报》)

【奥利给】 ào lì gěi　网络用语。加油噢,很给力。出处不详,实际含义不明。一般认为是"给力"的倒序写法,意即加油鼓劲。也有报道认为其最早出自快手上的网络红人"双叶湖

知识窗
相关词语

雷哥”，他在自己的视频中时不时喊一句“奥利给”，如同口头禅一样。也写作“奥力给”。例这位大叔念的东西都是一些比较正能量的句子，所以往往听完之后印象也会很深刻，可能一个不经意间就会大吼一声“奥利给”。（2019 年 10 月 29 日搜狐网）｜又快又聪明！京张高铁“C 位出道”，奥利给～（2019 年 12 月 30 日新浪网）

B

【BOSS 直播】 BOSS zhíbō 由商家老板作为主播的直播带货模式。“老板”的英文为 BOSS，故称。例在“BOSS 直播”间，上海佘山世茂洲际酒店两晚套餐五折起售，这也是携程最新推出的“超值星期三”折扣优惠之一。（2020 年 5 月 28 日《新民晚报》）｜在过去 6 个月中，携程以“BOSS 直播”为核心打造的直播体系累计创造了超过 17 亿元交易额。（2020 年 9 月 26 日《南方日报》）

【白色清单】 báisè qīngdān 指某些国家制定的贸易友好互惠国家的清单。例韩联社报道，韩国原先 29 个贸易伙伴获得最高级别的“甲类”国家出口便利，日本是其中之一；新举措意味着日本不再属于韩国“受信任的贸易伙伴”，即所谓“白色清单”国家，对日本出口的审批手续相应地由简入繁。（2019 年 8 月 13 日《北京青年报》）｜韩日近来在贸易领域摩擦不断，双方相互将对方从贸易“白色清单”中移出。

(2019 年 8 月 14 日《人民日报》)

【白衣执甲】 báiyī zhíjiǎ 指新冠肺炎疫情期间,医护人员身穿白色防护服,投身抗疫一线。例疫情发生以来,广大医务工作者白衣执甲、逆行出征,日夜奋战、舍生忘死,为保护人民生命健康做出了重大贡献,是新时代最可爱的人。(2020 年 3 月 20 日《光明日报》)|4 月 7 日,春风和煦,阳光明媚。云南省陆良县在爨文化广场举行"白衣执甲、今朝归来"仪式,隆重欢迎 12 名支援湖北医疗队勇士平安凯旋。(2020 年 4 月 8 日《人民日报》)

【胞波卡】 bāobōkǎ 名词。针对瑞丽市缅籍入境人员发放的智能化信息卡,由瑞丽市外籍人员服务管理中心核发。"胞波"由缅语"同胞"音译而来,是缅甸人民和中国人民之间的亲切称呼,故称。例 2020 年 5 月,瑞丽市推出"胞波卡",为缅籍人员办理集《缅甸国民身份证》《缅甸与中国边界通行证》《健康证》《务工证》等集身份证件信息、生物识别信息、体检信息、居留务工信息为一体的"胞波卡"。(2020 年 9 月 14 日《人民日报》)|针对在瑞丽缅籍人员的管理,于 2020 年 5 月启用集管理服务于一体的智能"胞波卡",彻底用"以卡管人"的现代信息化管理模式取代了传统的"以证管人"模式。(2020 年 9 月 15 日中国新闻网)

【报复性熬夜】 bàofùxìng áoyè 网络用语。指因白天时间不能自由支配而夜晚不睡以寻求补偿的行为。例报复性熬夜的年轻人,到底在报复什么?(2019 年 3 月 18 日《中国青年报》)|专家认为,年轻人报复性熬夜实则是一种过度补偿的行为,通过熬夜抵抗了焦虑情绪,在熬夜的过程中获得

知识窗 相关词语

了快感。(2019 年 3 月 20 日《北京晚报》)

【报复性消费】 bàofùxìng xiāofèi 新冠肺炎疫情期间正常消费受到一定限制的人们,解禁后进行过度消费的行为。例 不久之后中国影院重启复映,观众的报复性消费,或能给《花木兰》带来意想不到的收获。(2020 年 3 月 17 日《中国青年报》)|假期中,各地人们纷纷走出家门,种种"报复性消费"点燃了国内旅游、餐饮、航空等多个市场。(2020 年 10 月 10 日《新民晚报》)

【暴花户】 bàohuāhù 名词。网络用语。指收入不高,在短时间内大量花钱的人。仿"暴发户"造词。例"双 11"收官后,一个热词在网络上悄然流行——"暴花户"。这是购物者们的自嘲,指他们在短时间内就花掉了大笔资金,虽然赚钱不多但却莫名地很敢花,花光了又很沮丧。(2019 年 11 月 13 日《经济日报》)|知道什么是暴花户吗?就是赚钱不多,又莫名其妙很敢花的我。我现在不觉得我在吃土,我对外宣传我开始减肥了。(2019 年 11 月 14 日人民网)

【爆肝】 bàogān 动词。网络用语。为某事耗费大量的时间和精力,经常熬夜做某事。因长期熬夜容易伤肝,故称。例 被平谷人形象地称为"爆肝"工作的民警李猛,始终坚持战斗在打击违法犯罪的第一线。(2019 年 7 月 7 日《北京青年报》)|有网友认为,写论文杠期末才是爆肝熬夜,属于加班。(2019 年 7 月 26 日《中国青年报》)

【倍速生活】 bèisù shēnghuó 节奏大大加快的一种生活状态。倍速,成倍增长的速度。类似用户使用软件加快视频播放速度的倍速模式,故称。例 早早就把南京农业大学作为考研目标的江西女孩王诗涵，也在今年的 6 月深切地体会到了“倍速生活”的状态。根据她的描述，在与时间争分夺秒的过程中，不仅刷牙的时候要听晨读英语，就连上厕所，也要背几个单词。（2019 年 7 月 22 日《中国青年报》）｜过着这种“倍速生活”的年轻人希望尽量充分利用每一分每一秒，实现时间使用的效率最大化。但“倍速生活”也时常让一些人感觉身心疲惫，虽然忙忙碌碌，到头来却没有太多收获。（2019 年 10 月 18 日《北京青年报》）

【被迫营业】 bèipò yíngyè　网络用语。指影视明星等公众人物在没有准备的情况下跟粉丝互动或接受记者采访。也泛指不情愿而又不得不配合去做。例 不用“被迫营业”的日子，我扔掉了校内 title，也拿回了自己能驾驭的时间与节奏：上课、读书、旅行、假期实习……等到毕业，工作 offer 基本符合期待与兴趣。（2019 年 10 月 25 日《中国青年报》）｜真人秀的火爆养活了一帮通告艺人，但有的明星是“被迫营业”。演员演啥像啥，但真人秀中粉丝可以看到明星真实的一面，所以很多粉丝也希望偶像多上真人秀。（2019 年 11 月 29 日人民网）

【蹦迪式社交】 bèngdíshì shèjiāo　网络用语。指结交朋友快，失去朋友也快的社交行为。因类似蹦迪的节奏，故称。例 蹦迪式社交让人很快交到朋友，也会很快失去朋友，在什么都追求速度的年代，交友竟然也开始速食化，但是这种速食化的交友真的好么？（2019 年 5 月 23 日搜狐网）｜夏宇坦言，自己偶尔也会觉得很孤独，因为跟这些“蹦迪式社交”的朋友只能说场面话，而无法倾吐心里话或是困扰等，“但也

不要紧，我在老家有几个发小就够了。”（2019 年 5 月 29 日《重庆晚报》）

【毕业寄】 bìyèjì 名词。指高校毕业生离校时用快递寄送行李。特指新冠肺炎疫情期间，高校师生志愿者为未能返校的毕业生提供行李打包、寄送、寄存服务。仿“毕业季”造词。例 6 月，一年一度的毕业季如期而至，834 万高校毕业生走向新的旅途，“毕业寄”成为他们离开校园的一道程序。（2019 年 6 月 27 日中国新闻网）｜北京邮政与 30 所高校达成毕业季行李等寄递业务合作，累计寄出毕业生包裹 3.37 万件，为万千学生解决当下疫情特殊时期的“毕业寄”难题。（2020 年 7 月 7 日人民网）

【闭环防控】 bìhuán fángkòng 指新冠肺炎疫情的防控工作采取闭环管理。主要分为机场口岸接送转运闭环和属地社区管控闭环。机场口岸对入境人员实施初步信息排查、集中转送、集中隔离等措施。社区全天候对接入境人员转运车辆，形成从机场到社区环环相扣的防控机制。例 江门大批党员干部进驻机场、口岸等地，严格落实境外输入闭环防控。（2020 年 4 月 9 日《南方日报》）｜我们要加强源头管理、严格排查管控，构建全闭环防控体系，不给病毒传播以可乘之机。（2020 年 9 月 30 日《北京晚报》）

【闭麦】 bìmài 动词。网络用语。原指关闭麦克风，后也指不发表意见。例 会道歉的人几句话就化解矛盾，不会道歉的人就只能是越说越让人生气，还不如闭麦呢。(2019年3月15日腾讯网)｜作为一名游戏爱好者，范丞丞也在节目中透露自己打游戏时遇到肖战和王一博等明星粉丝时会选择闭麦，直言："看到这个名字不算追星女孩的时候，我才会打开语音说话。"(2019年11月12日中国网)

【碧道】 bìdào 名词。指以水为主线的公共生态廊道。包含江河湖库和山林田草多种生态要素，集生态、安全、文化、景观和休闲功能于一体。碧，象征绿色生态、环保，故称。例 深入开展"让广东河更美"大行动、"五清"专项行动，高标准建设万里"碧道"工程，为老百姓营造水清岸绿、鱼翔浅底、水草丰美、白鹭成群的自然景观。(2019年1月7日《南方日报》)｜凤凰湖2号湖连通蕉门村涌，汇入南沙人民的母亲河蕉门河，再向外注入珠江入海口，依河傍水串联起了5公里多的碧道，惠及周边数十万居民。(2019年9月4日《人民日报》)

2019年5月，广州市河长办公布了《广州市碧道建设方案(征求意见稿)》，首次披露了广州市碧道建设的详细内容。2020年7月，广东省人民政府发布了《广东万里碧道总体规划(2020—2035年)》。碧道建设范围主要为河道管理范围，碧道协调范围主要为临水的城镇第一街区、乡村居民点，碧道延伸范围主要为水系沿线周边地区。强化"安全行洪通道、自然生态廊道、文化休闲漫道"的建设。碧道按所处河段周边环境分为都市型、城镇型、乡野型和自然生态型四种类型。

【表面亲戚】 biǎomiàn qīnqi 指表面上仍有来往而实际上感情淡薄的亲戚。例 虽然好像"表面亲戚"让人们之间的关系变得生疏，但实际上也是社会进步的一个表现。(2019 年 2 月 3 日人民网)｜所谓的表面亲戚，意思是一些和你有一定血缘关系的人(亲戚)，往往喜欢表面一套，背后一套，表面上夸着你，背后却不知说什么坏话，可以说非常让人无语了。(2019 年 2 月 10 日网易网)

【冰墩墩】 bīngdūndūn 名词。2022 年北京冬季奥运会吉祥物的名称。2019 年 9 月 17 日正式亮相。例北京冬奥会吉祥物“冰墩墩”，以熊猫为原型进行设计创作。冰象征纯洁、坚强，是冬奥会的特点，墩墩意喻敦厚、健康、活泼、可爱，契合熊猫的整体形象，象征着冬奥会运动员强壮的身体、坚韧的意志和鼓舞人心的奥林匹克精神。(2019 年 9 月 18 日《人民日报》)｜为了表达爱心、和平的理念，他们在“冰墩墩”的掌心画了一个心形图案。(2019 年 11 月 6 日《新京报》)

【冰块型人格】 bīngkuàixíng réngé 网络用语。指表面冷漠、不好接近，一旦熟悉就很好相处的性格特质。例冰块型人格的人，其实很想去和你们交朋友，也想像你们一样，能够融入一个圈子。(2019 年 5 月 20 日腾讯网)｜所谓“冰块型人格”，其实就是指那些表面上看起来很冷漠、不好接近的人，一旦熟起来就会很好相处，就像冰块虽冷但可以融入水中。(2019 年 8 月 5 日《今晚报》)

【冰漂】 bīngpiāo 动词。“冰面漂移”的简缩。指驱车在江、河、湖、水库等的冰面上进行漂移。例那些喜欢“冰漂”在河湖冰面撒欢儿的人们，都当严防冬季安全，莫因为你的无视安全，破坏了家庭、社会和谐美好的氛围。（2019 年 1 月 7 日中国经济网）｜据媒体报道，入冬以来，在东北、山西部分气温较低的地方，不少人将车开往结冰的湖面，大玩飙车和漂移。人们将此称为“冰漂”。（2019 年 1 月 8 日《新京报》）

【冰玉环】 bīng yùhuán 名词。2022 年北京冬奥会张家口赛区中，将国家跳台滑雪中心与国家越野滑雪中心、国家冬季两项中心相连的环形栈道。因其形如玉环，故称。例 古杨树场馆群设计方案面向全球公开征集，从美国、法国、瑞士、加拿大等多个国家的顶级设计团队中优选，由清华大学综合，最终形成了“雪如意”“冰玉环”设计方案。（2019 年 5 月 10 日《光明日报》）｜越野滑雪中心、跳台滑雪中心、冬季两项中心三座场馆之间将建设 C 形架空步行平台“冰玉环”，便于观众观赛。（2019 年 5 月 11 日《北京晚报》）

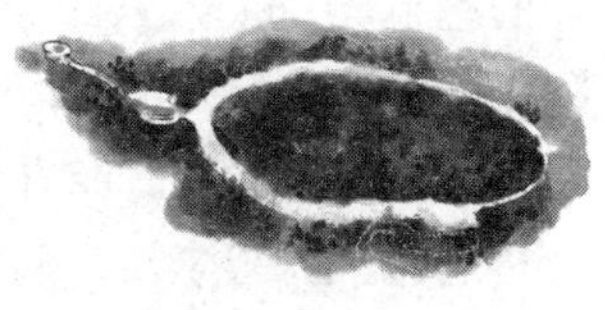

C

【COVID-19】 世界卫生组织对“新型冠状病毒肺炎”的正式命名。COVID 是英文 Corona Virus Disease 的缩写。例 世界卫生组织在 2 月 11 日正式将病毒命名为“COVID-

19”,美国疾控中心也一直使用这一称谓,但美国部分政客和极端者却在没有任何证据的情况下,持续炒作“实验室病毒”等各种病毒起源于中国的阴谋论,并不断在病毒的称谓上做文章。(2020年3月23日《光明日报》)|武汉禁令将COVID-19在超过130个城市的暴发时间平均推迟了2.91天,让中国新冠肺炎感染者的总病例数减少96%,这对疫情的遏制至关重要。(2020年4月8日《中国青年报》)

【仓播】 cāngbō 名词。将直播间设在仓库的直播带货模式。消费者下单后能看到发货过程。例智惠新仓购着力探索场景体验、线上下单、产地发货的数字化流通方式,搭建仓播带货、AR导购、创意设计等沉浸式购物环境。(2020年9月21日《经济日报》)|从“村播”“厂播”到“仓播”,直播场景不断丰富,直播业态也覆盖了包括家居、数码家电、汽车等在内的几乎所有行业。(2020年11月9日人民网)

【舱友】 cāngyǒu 名词。方舱医院内同舱患者的互称。例方舱里建立了医患沟通群,出院患者当上了志愿者,“舱友”成了好友。(2020年3月11日《光明日报》)|看到旁边的舱友们都在出院,需要换舱和转运的患者也增强了治愈的信心。(2020年3月24日《南方日报》)

【叉酱】 chājiàng 名词。对武汉市火神山医院和雷神山医院施工现场小型叉车的谑称。“酱”是日语的音译,常做后缀，用于称呼较亲切的人或物。例“蓝忘机”“叉酱”“铲酱”……在火神山热火朝天的场外，由 5G 架设的直播镜头外出现了 5000 万实时观看施工进度的网友。（2020 年 2 月 3 日《中国青年报》）｜网友们为现场四处忙碌的小叉车起名“叉酱”，把电焊工作组称作“焊舞帝”，把压路机叫作“多尔衮”。（2020 年 2 月 4 日人民网）

【**长收短付**】　chángshōu duǎnfù　住房租赁企业收取承租人的租金周期长于支付房屋权利人的租金周期。也称“长租短付”。例在租赁金融业务管控方面，住房和城乡建设等部门应加强对采取“高进低出”“长收短付”经营模式的住房租赁企业的监管。（2019 年 12 月 26 日《新京报》）｜无论是以“高进低出”开拓房源，还是靠“长收短付”建立自己的“资金池”，都属于高风险经营。一旦难以为继，必然使房屋承租人和出租人双方利益皆受损失，甚至影响社会和谐稳定。（2019 年 12 月 27 日《经济日报》）

2019 年 12 月 25 日，住建部、银保监会等 6 部门联合下发了《关于整顿规范住房租赁市场秩序的意见》，《意见》将加强对采取“高进低出”“长收短付”经营模式的住房租赁企业的监管，并指导住房租赁企业在银行设立租赁资金监管账户，将租金、押金等纳入监管账户。

【**常态化疫情防控**】　chángtàihuà yìqíng fángkòng　在新冠肺炎疫情得到控制，社会基本恢复正常生产、生活的同时，继续采取防护措施，延续疫情防控成效。例随着复工复产复市的推进，武汉市在做好常态化疫情防控的同时，生产生活秩序加快恢复，城市活力正在复苏。(2020年4月15日《人民日报》)｜国有大型企业要发挥主力军作用，在抓好常态化疫情防控的前提下，带动上下游产业和中小企业全面复工复产。(2020年4月24日《中国青年报》)

【畅行码】 chàngxíngmǎ 名词。中国电子科技集团有限公司联合国家部委，依托国家风险人群感知大数据中心的数据，在美团平台上生成的二维码。分为红、橙、黄、绿四色，作用类似健康码。例美团依托国家风险人群感知大数据中心的权威数据，联合中国电科推出了“畅行码”，能精准定位乘客飞机或火车的“前三排、后三排”。(2020年3月27日《南方日报》)｜“畅行码”服务依靠的正是大数据技术。(2020年5月6日《经济日报》)

 相关词语见“红码”。

【超感屏】 chāogǎnpíng 名词。指具有较高刷新率、分辨率和采样率，流畅性更好的电子显示屏。例“超感屏”是此次Find X2系列的主打，凭借120Hz、10亿色等新技术的加持，从分辨率、色彩、刷新率、亮度等方面都做了深入的优化。(2020年3月13日腾讯网)｜这款手机最大的亮点就是它配备了一块超感屏，3K(QHD+)的分辨率，支持120Hz屏幕刷新率和240Hz的屏幕触控采样率，像素密度达513 PPI。(2020年7月8日腾讯网)

【超话】 chāohuà 名词。“超级话题”的简称。新浪微博推出的一项功能，融合了原有话题模式和社区属性的兴趣内容社区，只有进入某个感兴趣的社区才能和社区里的人展开互动。例 为了给自己的偶像打榜，有粉丝甚至总结了一些增加影响力的“小窍门”，比如发送带有超话的微博必须大于 15 个字，超话微博的评论必须有超过 20 条评论等效果最好。（2019 年 7 月 22 日《北京青年报》）｜网友评论，在这场超话大战后期，“已经不再是粉丝群体的较量，而是 90 后一代人集体打捞他们逐渐下沉的流行文化的战斗”。（2019 年 10 月 22 日《中国青年报》）

【超前点播】 chāoqián diǎnbō 指视频网站推出的付费会员二次收费后可提前观看电视连续剧的增值服务。例 所谓“VIP 付费超前点播”，就是平台挟优质自制剧热播效应，摸准用户想尽快追剧的心理，对付费会员变相二次收费。（2019 年 12 月 17 日《经济日报》）｜爱奇艺和腾讯视频在 12 月 11 日又开启超前点播，VIP 会员花 50 元，可以在每个更新日比会员再多看 6 集。（2020 年 12 月 20 日《北京青年报》）

【炒鞋】 chǎoxié 名词。提前预测可能走红的球鞋，先低价买入，待适当的时机再高价卖出赚取差价。因类似炒股，故称。原为球鞋爱好者的“小众爱好”，后因第三方转售球鞋应用平台（APP）的助推，演变成大规模的线上交易。例 买家孟斌（化名）告诉中国青年报·中国青年网记者，炒鞋是从今年开始的，起因是某球鞋潮牌转卖平台推出的一个名为“闪购”的服务，再加上寄售服务的配合，让炒鞋者在平台上即时买卖球鞋成为可能。（2019 年 10 月 25 日《中国青年报》）｜除去个人判断，炒鞋群体参考市场行情，多通过各类球鞋转

知识窗 相关词语

卖平台上的数据，他们可以直观地看到球鞋的涨幅和销量，由此作为积蓄囤货或者抛售的决策参考。（2019 年 12 月 18 日《新京报》）

【车厘子自由】 chēlízǐ zìyóu 网络用语。指购买者收入可观，可以随心所欲地购买车厘子享用。含调侃意。例 所谓“车厘子自由”，属于从日常饮食消费向享受型消费晋级的过渡环节，不得不说，这是个很巧妙的设置。（2019 年 3 月 8 日《中国青年报》）｜无论是正面鼓励还是反面否定，对于经济独立与女性平等之间的关系，是每个时代不可规避的议题，只不过在今天的网络世界里，它已经转换成了对“车厘子自由”调侃式的暗语。（2019 年 8 月 16 日《北京青年报》）

📖 2019 年春节，一篇《26 岁，月薪一万，吃不起车厘子》的文章在网上热传，它提出女性消费能力晋级的几种“标志”，“辣条自由、奶茶自由、视频网站会员自由、外卖自由、咖啡自由、车厘子自由、口红自由、衣服自由……”，最高阶的是所谓的“财务自由”。因为这篇文章，“车厘子自由”随之成为热门话题，网上也掀起一股晒车厘子的风潮。“车厘子自由”似乎成了人们自我鉴定是否财务自由的新标准。随后陆续走红的还有“香椿自由”“荔枝自由”“小龙虾自由”等。

【吃瓜指数】 chīguā zhǐshù 网络用语。某一消息能够吸引网友注意力的程度。例 报告统计了没有中超球队的城市球迷数量，并推出了“吃瓜指数” TOP10，其中杭州以绝对优势位列榜首。（2019 年 12 月 16 日华商网）｜吃瓜指数五颗星：赵本山亲自为王小利辟谣，王小利又将回归《乡爱》？（2020 年 8 月 16 日腾讯网）

【*吃军粮】 chī jūnliáng 动词。网络用语。指军人情侣秀恩爱的行为。因情侣秀恩爱叫撒狗粮，故称。例快起来吃军粮啦！火箭最美婚礼了解一下。（2019 年 10 月 3 日新浪网）｜吃了这波“军粮”，单身狗晋级军犬。（2019 年 12 月 5 日“@央广军事”）

【丑橘男】 chǒujúnán 网络用语。指像丑橘一样的男性，外表又黄又丑，内心却很美好。例在众多水果男中间，最喜欢的是丑橘男，这种男生虽然外表可能不是那么帅气，但是内心却很甜腻，平时幽默风趣。（2019 年 4 月 20 日腾讯网）｜丑橘男，指的是那种外表虽然不怎么样，不帅不高，但是品质优良，对你超级好，以后也会对你越来越好的小哥哥。（2019 年 4 月 28 日腾讯网）

快男 暖男 跑男 剩男 型男 渣男 宅男 直男 草莓男 凤凰男 干物男 *甘蔗男 经适男 励志男 *龙眼男 *妈宝男 *芒果男 *山竹男 油腻男 37 度男 阿尔法男 *钢铁直男 经济适用男

【创熟】 chuàngshú 动词。“创建熟人社区”的简缩。指通过发挥社区党员力量，选举楼长、巷长，创建社区微信平台等途径，让居民积极参与社区治理的社会治理方式。通过创熟活动，就地化解社区治理过程中存在的问题，把服务对象转变为推动社区建设的力量。熟人社区，指以血缘关系、业缘关系和邻里关系等为支撑的社区。与“生人社区”“陌生人社区”相对。例通过“创熟”工作，桂城令邻里之间更有情，也进一步推动了基层治理创新。（2019 年 7 月 1 日《南方日报》）｜在“创熟”工作基础上建立的苏志敏“创熟”调解工作室，比其他个人调解工作室更具团队优势，在化解社区矛盾

上有巨大优势。(2019年12月5日澎湃新闻)

【创信融】 chuàng xìn róng　“创新、信用、融资”的合称,是中国人民银行联合中关村管委会推出的企业融资综合性服务平台。例在论坛期间举办的重大成果发布会上,将推出高价值专利转化、首创产品进入市场、“创信融”科技金融产品等多项创新性政策。(2020年9月17日《北京晚报》)|“创信融”平台由中国人民银行营业管理部和中关村管委会联合打造,将为小微企业发展和科技创新创业提供金融方面的帮助。(2020年9月20日《新京报》)

【吹爆】 chuībào　动词。网络用语。指对动画片、动漫等作品中的人物表示强烈的支持。后用来表达对偶像强烈支持的态度。例刚一上线,这部剧就被吹爆了。但实际上,这接棒的第二季真的没有那么优质,奈何环绕它的光环太耀眼,以至于很少有人愿意真的去凝视它的核心。(2019年8月23日《北京青年报》)|陈飞宇晒和哥哥合照,兄弟俩颜值被女粉丝吹爆,直言:两兄弟我真的可以!(2020年1月19日腾讯网)

【次密接】 cìmìjiē　名词。“次密切接触者”的简称。是密切接触者的密切接触者。例舒兰市按照应检尽检、愿检尽检、能检尽检要求,重点围绕所有密接人员、次密接人员和确诊病例所在的住宅小区、重点场所以及高风险人群开展了核酸检测。(2020年5月17日《新京报》)|根据山东省疾控中心协查信息,截至10月13日,共确定青岛病例在京密切接触者5人、次密接15人,经核酸检测结果均为阴性。(2020年10月15日《北京晚报》)

【促稳提质】 cùwěn tízhì　指在稳住外贸基本盘的前提下努力提升外贸发展的质量和水平，提升外贸的整体竞争力。"促稳提质"是国务院总理李克强在 2020 年政府工作报告中提出的当前外贸工作的目标要求。例今年要优先稳就业保民生，坚决打赢脱贫攻坚战……进出口促稳提质，国际收支基本平衡。（2020 年 5 月 22 日《北京晚报》）｜要坚持以习近平新时代中国特色社会主义思想为指导……创新外贸方式，推动外贸促稳提质，为保就业稳经济提供支撑。（2020 年 6 月 29 日《人民日报》）

【蹴踖青年】 cùjí qīngnián　网络用语。指理性而上进，对生活充满敬畏，对未来怀揣不安的年轻人。"蹴踖"出自《论语·乡党》，形容恭敬而不自然的样子。例这些负重前行的年轻人，有了一个新的标签——蹴踖青年。（2019 年 5 月 4 日腾讯网）｜在各种压力盛行的今天，蹴踖青年天生是顶风前行的挑战派。（2019 年 5 月 7 日网易网）

【村播】 cūnbō　动词。❶"乡村直播"的简缩。指以乡镇、农村为场景的直播带货模式。例 2019 年，淘宝启动"村播"计划，助力打造农村"网红"主播。（2019 年 9 月 17 日《经济日报》）｜"村播"项目已覆盖 31 个省区市的 270 个县，帮助贫困县产品打响品牌、打开销路。（2019 年 9 月 20 日《人民日报》）❷名词。指从事乡村直播活动的主播。例 如今，王新年成了当地的"网红"村播，在他的带动下，数位农民跟着他一起做电商，在田间村头进行直播也成为当地农民的新时尚。（2019 年 12 月 7 日《经济日报》）

【村村享】 cūncūnxiǎng　名词。中国电信集团公司推出的加强农村基层党建、提升乡村治理、改善人居环境、便捷百姓生活的综合信息化服务平台。例 据悉，“村村享”是中国电信利用“云网”优势自主研发的“数字乡村”综合信息服务平台，该平台可通过手机、电脑、电视以及多媒体触屏操作和展示。（2020 年 2 月 14 日《人民邮电报》）｜“少出门、戴口罩、勤洗手、常通风。”在云南楚雄彝族自治州，连日来疫情防控知识通过 400 个“村村享”大喇叭响彻山乡。（2020 年 2 月 21 日《人民日报》）

【存款压降】 cúnkuǎn yājiàng 指对结构性存款进行压量控价。例 从压缩贷款实际利率在 LPR 基础上的综合加点幅度、考核存量贷款浮动利率换锚进展、考核创新存款压降节奏等三个方面强化，引导存贷款利率下行。（2020 年 8 月 3 日《证券时报》）｜随着专项债券发行度过高峰期，以及结构性存款压降的拖累逐步减弱，再加上央行采用多种工具灵活对冲，资金面得到了有效呵护。（2020 年 10 月 30 日《经济日报》）

📖 结构性存款，是指投资者将合法持有的人民币或外币资金存放在银行，由银行通过在普通存款的基础上嵌入金融衍生工具，将投资者收益与利率、汇率、股票价格等挂钩的具有一定风险的金融产品。又叫收益增值产品。

D

【打财断血】 dǎcái duànxuè 指公检法机关在查办黑恶势

力组织犯罪案件时，要全面调查黑恶势力组织及其成员的财产状况，对涉案财产采取查询、查封、扣押、冻结等措施，并依法做出处理，彻底摧毁黑恶势力组织的经济基础。这是2019年4月9日最高人民法院、最高人民检察院、公安部、司法部印发的《关于办理黑恶势力刑事案件中财产处置若干问题的意见》提出的总体工作要求。例我们将全力抓好黑恶势力犯罪及“保护伞”案件的审判工作，紧盯“打财断血”，指导各级法院在涉黑涉恶案件审判工作中认真审查。（2019年3月15日《北京青年报》）｜今年上半年，中央扫黑除恶督导组将再次出发，进驻21个省份开展两轮督导工作。在这两轮督导中，“打伞破网”“打财断血”等被中央督导组列为督导重点。（2019年3月29日《人民日报》）

【打工魂】 dǎgōnghún　名词。网络用语。指打工人艰苦奋斗，追求美好生活的时代精神。例在工作单位上怕被90后、00后超越，所以不得不拼命加班，明知道加了也没有加班费，还压榨自己的个人生活空间，甚至亦不能避免被追赶被淘汰的命运，但每天熊熊燃烧的打工魂不允许你退出竞赛。（2020年11月12日腾讯网）｜相信在“打工人，打工魂，打工方为人上人”的正向激励下，“打工人”的劳动与奉献会使社会更加和谐文明、安定有序。（2020年12月11日《光明日报》）

【*打工人】 dǎgōngrén　名词。网络用语。打工的人，现也用于上班族的自称。例在这里，“打工人”是对所有从事体力劳动或者技术劳动的人的统称。（2020年10月28日《北京青年报》）｜“打工人”之所以流行，是因为大家都知道，无论白领还是蓝领，无论是上班族还是创业者，工作不一定就是干事业，但一定是打工——本质上仍是赚钱生活生存、养家糊口、买房买车、结婚生子、儿女教育等，即使到了中年仍有被裁员等风险。（2020 年 10 月 28 日《南方日报》）

【打伞破网】 dǎsǎn pòwǎng 公检法机关在扫黑除恶行动中打掉黑恶势力的保护伞，摧毁他们的关系网。也叫“打网破伞”。例将扫黑除恶专项斗争与反腐败斗争和基层“拍蝇”结合起来，推进“打伞破网”，使人民群众安全感、满意度明显提升。（2019 年 7 月 18 日《中国青年报》）｜中央督导组进驻后，各地普遍“打伞破网”进度提速、质效提升。（2019 年 8 月 17 日《光明日报》）

【打网破伞】 dǎwǎng pòsǎn 见“打伞破网”。例松江区纪委表示，在今后的扫黑除恶专项斗争中，将持续对涉黑涉恶腐败问题中的“保护伞”“关系网”加强“打网破伞”工作力度。（2019 年 6 月 19 日《新民晚报》）

【大黑小伞】 dàhēi xiǎosǎn 指影响较大的黑恶势力将权势较小的官员作为保护伞，双方相互勾结的现象。例要进一步向“打伞破网”“打财断血”聚力，对“有黑无伞”“大黑小伞”等案件逐案过筛，坚决撕开“关系网”、斩断“经济链”。（2020 年 5 月 30 日《经济日报》）｜要全面回溯核查“有黑无伞”“大黑小伞”等案件，对办案进展缓慢或草率结案的要深挖彻查，让“保护伞”无处遁形。（2020 年 9 月 15 日《北京青年报》）

【大疫】 dà yì 名词。特指 2020 年的新冠肺炎疫情。例我想，这位母亲实际上是想告诉自己的女儿，你要相信你的

国——大疫之后必将大治。(2020 年 2 月 17 日《中国青年报》)|在这场举世震惊的大疫中,武汉一边抗击最残酷的病毒,一边向世界输出了自己的价值观——无与伦比的顽强。(2020 年 3 月 13 日《中国青年报》)

【代经济】 dàijīngjì 名词。基于移动互联网各类代为服务的经济模式。例目前在不少大型线上交易平台,代吃代喝、代健身、代叫醒、代扔垃圾、代订服务、代写、代扫墓等各类花式“代”服务项目不断出现。“代经济”火了起来,也引发诸多问题。(2019 年 11 月 8 日《光明日报》)|北青报记者注意到,除了“雪地代写”外,电商平台上,各类“代经济”“代消费”层出不穷。(2019 年 11 月 20 日《北京青年报》)

代秒 *代追 代充店 代服务 代购手 代检族 代客帮 代课团 代秒客 代扫客 代时代 代偿福利 代偿平台

【代追】 dàizhuī 动词。一种教人如何追求异性,如何与之沟通、约会等的付费服务。例购买“代追员”服务的群体,往往是以追求爱情为名义,但是却不惜使用充满套路的“代追”手段,连追求也不肯亲力亲为。(2019 年 9 月 17 日《新京报》)|表面来看,这样的代聊方式没有触碰法律底线,但“代追”服务仍然存在诸多问题。比如“先付钱,后服务”的方式,存在一定的安全风险。(2019 年 9 月 17 日《南方日报》)

相关词语见“代经济”。

【带货官】 dàihuòguān 名词。以在线直播方式推销商品的各级领导干部。例新业态的火热也让各级“父母官”争相当起“带货官”,北京市商务局更是组团来为北京的老字号呐喊助威。(2020 年 6 月 11 日《北京青年报》)|梅州市、镇一级

领导干部以“直播带货”激活消费市场，成为了群众脱贫致富的“带货官”，推销扶贫产品，惠及贫困户，造福老百姓。（2020 年 6 月 30 日《南方日报》）

【单机熬夜】　dānjī áoyè　网络用语。一种独自熬夜的方式。因只有一台电脑开着，没有交流对象、没人联机打游戏，故称。例越来越黑的眼圈和日渐靠后的发际线展示了一个铁血直男的悲伤。每天一到睡眠时间就开启“单机熬夜”模式，不聊天、不打游戏，一个人看着手机，不知道自己到底干了什么，一下子就熬到了两三点。（2019 年 6 月 13 日新京报百家号）｜网友形容最颓废的熬夜为“单机熬夜”：“没有对象，没有人和 Ta 聊天，也没有人跟 Ta 打游戏，自己跟自己玩，还愣是玩到夜里两点多。”（2019 年 7 月 19 日腾讯网）

【单机式社交】　dānjīshì shèjiāo　网络用语。一种尽量减少与人交往的社交行为。类似单机打游戏，故称。例网络越发达，真实生活距离反而会越远，各种社交软件多得让人更疏远朋友圈，你是不是也在过着单机式社交呢？（2019 年 6 月 5 日搜狐网）｜很多单机式社交的人仅仅是因为“比起跟人们在一起，我更愿意自己一个人独处”。（2019 年 6 月 10 日搜狐网）

【倒查 20 年】　dàochá 20 nián　指回溯调查二十多年内违法违规行为的反腐机制。例神华包头能源有限责任公司副总经理赵洪月涉嫌严重违纪违法，这是内蒙古对煤炭资源领域倒查 20 年的最新“斩获”。（2020 年 7 月 27 日《光明日报》）｜中纪委建议“倒查 20 年”后，首个省级纪委“内鬼”被揪出。（2020 年 12 月 28 日《解放日报》）

📖 2020 年 2 月 28 日起，按照中纪委的纪检监察建议，内蒙古自治区开展了煤炭资源领域违规违法问题专项整治工作，对涉煤领域腐败倒查 20 年，掀起反腐风暴。2020 年 12 月，“倒查 20 年”入选由中央纪委国家监委新闻传播中心联合国家语言资源监测与研究中心推出的 2020 年度十大反腐热词。

【第二处方】 dìèr chǔfāng 指医生在用药处方之外，在锻炼身体、健康饮食等方面提供给患者的指导或建议。也称“健康教育处方”。例 据悉，一种疾病两张处方，是该医院心血管科从今年 5 月中旬推出的一项新举措，这“第二处方”更加确切的名字应该叫“健康教育处方”，其根本目的就是通过对患者的日常饮食、运动给予必要的指导，进而减少不必要的用药。（2019 年 5 月 28 日《新京报》）｜前面的那位患者，第二处方指导他坚持每天步行 8000—10000 步，做到饮食清淡外，还精细地规定他每天控盐 3 克以内，以减少用药量并逐步做到不用药，直至恢复健康。（2019 年 7 月 2 日《新民晚报》）

【点书】 diǎn shū 动词。通过互联网购书平台下单买书。仿“点餐”造词。例 书店入驻后，美团还将启动包括在频道内显要位置集中展示、实行流量补贴等补助手段，让消费者“点书如点餐”、足不出户即可买书。（2020 年 3 月 6 日《北京青年报》）｜一本《新华字典》和一本防疫相关书籍，在 30 分钟内送到了读者手中，外卖点书成为新华书店提升读者购书体验的又一全新模式。（2020 年 3 月 28 日《北京晚报》）

【电商直播元年】 diànshāng zhíbō yuánnián 指电商直播

营销的第一年,即 2019 年。也称“直播电商元年”。例 2019 年,是被外界公认的电商直播元年,随着各大直播平台上网红的成功,越来越多的企业也想分一杯羹。(2019 年 6 月 4 日《北京晚报》)|今年“双十一”被称为“电商直播元年”,与过去商家直接促销打折不一样的是,直播成为今年“双十一”的全新增长点,半数以上参加“双十一”的商家通过直播销售额获得了增长。(2019 年 11 月 15 日《南方日报》)

【电子包浆】 diànzǐ bāojiāng 指图片或表情包经过多次转发传播后,由于各网站的图片压缩算法导致模糊甚至出现绿斑的情况。例这些模糊失真的表情包被网友视为多了一层“电子包浆”,因此深受追捧。(2019 年 6 月 4 日搜狐网)|社交网络中我们经常能看到各种各样的电子包浆表情包,无论是和人聊天还是发状态,这些表情包往往能有超过文字带来的直观感受。(2019 年 12 月 9 日新浪网)

【电子竞技员】 diànzǐ jìngjìyuán 从事不同类型电子竞技项目比赛以及陪练、体验和活动表演的人员。2019 年 4 月 1 日,人力资源社会保障部、市场监管总局、统计局正式发布,电子竞技员是 13 个新职业之一。例日前,人社部、市场监管总局、统计局正式向社会发布了人工智能工程技术人员、物联网工程技术人员、大数据工程技术人员……电子竞技员、无人机驾驶员、物联网安装调试员、工业机器人系统操作员等 13 个新职业信息。(2019 年 4 月 4 日《人民日报》)|人社部近日发布的电子竞技员和电子竞技运营师就业景气现状分析报告显示,目前只有不到 15% 的电子竞技岗位处于人力饱和状态,预测未来 5 年,我国电子竞技员人

才需求量近 200 万人，电子竞技运营师人才需求量近 150 万人。(2019 年 7 月 11 日《光明日报》)

【电子竞技运营师】 diànzǐ jìngjì yùnyíngshī 在电竞产业中从事活动组织及内容运营的人员。2019 年 4 月 1 日，人力资源社会保障部、市场监管总局、统计局正式向社会发布，同电子竞技员一样，电子竞技运营师也是 13 个新职业之一。例 伴随电竞产业的爆发，电子竞技运营师也应运而生。(2019 年 7 月 11 日《光明日报》)｜在国际赛事的推动下，电子竞技已成为潜力巨大的新兴产业，电子竞技运营师数量增加和电子竞技员职业化势在必行。(2019 年 7 月 19 日《经济日报》)

【电子咸菜】 diànzǐ xiáncài 网络用语。指用来边吃饭边看，以增加吃饭趣味的视频。例 2017 级日语专业的吴同学会把吃饭时看视频作为忙碌工作学习之后放松的一种方式。但他并不会把“电子咸菜”摆在家庭的餐桌上，“我觉得跟家里人一起吃饭的时候看手机视频，是不礼貌的行为。”(2019 年 4 月 10 日搜狐网)｜世界正在变平，当我开始想念那些不开滤镜的真实人间时，我便打开了快手，当电子咸菜下饭，感受一个不够精致但却真实，生命力足够火热的人间。(2019 年 10 月 9 日腾讯网)

【爹味】 diēwèi 名词。网络用语。指喜欢对他人指手画脚、评论说教的特性。因指摘和训斥的样子就像爹似的，故称。贬义词。例 一位年轻朋友的看法能够代表一部分人的意见：“爹味十足”，何冰表现得过于向年轻人献媚，反而和年轻人有了隔阂。(2020 年 5 月 4 日搜狐网)｜所谓“爹味”大概可以理解为，不懂装懂，喜好卖弄和说教，甚至用自己的价值观评价、否定他人价值观。（2020 年 7 月 1 日新京报网）

【钉钉】 dīngdīng　名词。阿里巴巴集团开发的一款互联网智能移动办公平台。例 2 月 10 日起，阿里巴巴将通过优酷、钉钉发起“在家上课”计划。（2020 年 2 月 4 日《中国青年报》）｜这已经不是钉钉第一次崩了，短时间内涌入流量洪峰，尽管钉钉连续扩容了 10 万台云服务器也还没能扛住。（2020 年 3 月 13 日《南方日报》）

【定金人】 dìngjīnrén　名词。在电商平台双十一活动中参加预售并支付定金的人。例定金预售模式并不新鲜，今年部分电商平台将“双 11”预售活动提前到 10 月 21 日开启，“定金预售”成为仅次于“直播活动”的热门话题，并衍生出“定金人”“分期人”等网络新梗。（2020 年 11 月 12 日人民网）｜眼下，“打工人”已成为一个强势的模因，“复制”出了“拼单人”“定金人”“尾款人”“熬夜人”“干饭人”等词语。（2020 年 12 月 11 日《光明日报》）

【对标股】 duìbiāogǔ　名词。指业务模式、主营业务有重合的上市公司发行的股票。也称“股票对标”。例尽管大盘依然未能形成明朗趋势，但随着科创板挂牌时间的临近，科创板对标股已成为市场关注的焦点。（2019 年 7 月 12 日《信息时报》）｜科技股时代正在到来，近期可关注科创板涨势最强对标股，持续跟踪，标的所在板块或是后市热度方向。（2019 年 7 月 25 日《金融投资报》）

E

【ECMO】 体外膜肺氧合。ECMO 是英文 Extracorporeal Membrane Oxygenation 的缩写。见“体外膜肺氧合”。[例] 张小兰的肺被病毒感染后，功能丧失，床边的 ECMO 暂时替代了她的肺，帮忙清理掉血液中的二氧化碳，再将氧合的血液送回身体。（2020 年 3 月 11 日《中国青年报》）｜下午 5 点半，邮政航空 CF9121 航班装载 16 台 ECMO 从北京首都机场起飞。当晚 8 点多飞抵武汉，直接送往同济医院。（2020 年 3 月 19 日《人民日报》）

【额温枪】 éwēnqiāng 名词。手持式红外体温检测仪。因其是以人体额头等处体表温度为基准，不需接触，一键测温，外形似手枪，故称。[例] 10 日下午 1 时 30 分许，普陀区真如镇街道真西新村第二居民区大门口，来了一位穿着件志愿者红马甲的姑娘，拿着把“额温枪”，对每个进入小区的居民测量体温，“不放过”一个人。（2020 年 2 月 12 日《新民晚报》）｜4 名身着红马甲的志愿者戴着口罩、手套，手持额温枪投入防疫工作中，短短一小时内，近 400 名员工有序通过测查进入厂区。（2020 年 2 月 18 日《中国青年报》）

【耳机腰】 ěrjīyāo 名词。指极细的腰。因用一副带线双耳耳机即可把腰围起来，故称。例耳机腰还是水桶腰，很扎心！（2019年4月19日搜狐网）｜“耳机腰”已过时，最后一个太难了！（2019年5月9日腾讯网）

【耳蜗经济】 ěrwō jīngjì 指以增加具有收听功能的电子产品数量来提高生产效益的经济模式。例 40年前，索尼公司开发的随身听产品让磁带能随人走，在“眼球经济”之外，开辟出了“耳蜗经济”。（2019年2月19日《人民日报》）｜耳蜗经济，亦是年轻人维系情感连接的社交方式。对于一些95后、00后而言，声音甚至是二次元虚拟世界与真实世界的连接线。（2019年3月19日《中国青年报》）

F

【发呗】 fābei 名词。支付宝的一款具有在线转账功能的金融产品。支付宝商家可通过发呗向员工、灵活用工人员发放报酬、福利、佣金、报销款等。例近日，支付宝APP悄然上线“发呗”功能，号称“0费用给员工发钱”，在支付宝主页搜索“发呗”即可找到。（2019年5月6日搜狐网）｜支付宝方面回复21世纪经济报道记者称，“发呗”只是支付宝里一个“向多人转账”的功能升级。（2019年5月9日腾讯网）

【*凡尔赛】 fán'ěrsài 名词。指法国的凡尔赛宫。作为网络用语，代指贵族，也指以低调的方式进行炫耀的做派。多用于调侃。源自日本少女漫画《凡尔赛玫瑰》。例以常规的标准看,“凡尔赛”式的话语无疑是“不好好说话”的典型,然而在被群嘲之前,它的确是一种有效的自我表演、塑造、营销手段。(2020年11月20日《北京青年报》)

【凡尔赛体】 fán'ěrsài tǐ 一种在网络上流行的语言表达格式,用明贬暗褒的方式来显示自己的优越。出自漫画《凡尔赛玫瑰》,也称“凡学体”。例一个投资人跟我说,“在过去这些年我凭运气赚到的钱,这几年凭本事全部亏完了,多亏早在北京买了几十套房子。”我说你这是典型的凡尔赛体。(2020年12月8日搜狐网)|网上称作“凡尔赛体”:比如拍一束鲜花照片,花束旁边似乎不经意地置一把保时捷钥匙,发到朋友圈,加一声叹息:男友真傻,告诉他我不在乎这些的,他还是偏送保时捷不可!(2020年12月28日《新民晚报》)

【凡尔赛文学】 fán'ěrsài wénxué 网络用语。一种以“低调的方式进行自我炫耀”的话语模式。也称“凡尔赛文”“凡学”。出自漫画《凡尔赛玫瑰》。例很多凡尔赛文学创作者是这样的:我想告诉你我某方面很不错,但不好意思直接炫耀,憋着又难受,于是用平淡语气包装一番。(2020年11月11日《南方日报》)|把梦想和幻想投射于网络虚拟空间,借助凡尔赛文学来营造一个理想中的自我“人设”,为心灵留存一方玫瑰色的乌托邦空间,只要能分得清现实和虚幻,似乎也无伤大雅。(2020年11月17日《光明日报》)

【反蒙面法】 fǎn méngmiànfǎ 指香港特区政府行政会议2019年10月4日通过引用《紧急情况规例条例》订立的《禁

止蒙面规例》。例 10月4日下午，香港特别行政区行政长官林郑月娥举行特首记者会，公布《反蒙面法》及其细则。(2019年10月4日《北京日报》)｜在全球至少15个实施“反蒙面法”的国家和地区，蒙面者参与暴乱的事件已大为减少。(2019年10月11日《环球时报》)

【反修例】 fǎn xiūlì 指反对香港特区政府提出的修订《逃犯条例》。例 种种迹象显示，激进暴力分子根本不是为了反修例诉求，根本就在于搞乱香港、搞衰香港，摧毁“一国两制”。(2019年8月5日《新民晚报》)｜人们已经看得很清楚，所谓“反修例”不过是虚伪的借口，香港激进分子就是要制造“黑色恐怖”，为了捞取政治利益，已无所不用其极。(2019年11月16日《人民日报》)

📖 2018年2月，香港一名男子在台湾杀害女友后潜逃回港。警方破案后，因香港与台湾之间没有签订司法互助安排和移交逃犯协议，该男子无法被移交至案发地台湾受审。为避免严重犯罪分子逍遥法外，香港特区政府于2019年2月15日向立法会提出建议草案，推动修订《逃犯条例》和《刑事事宜相互法律协助条例》(简称“修例”)。2019年6月9日，有示威者发起“反修例”游行。

【饭圈女孩】 fànquān nǚhái 网络用语。追星的女孩的统称。饭圈指粉丝圈。“饭”是英文 fan 的音译。例 从饭圈女孩到帝吧网友再到广大海外留学生，所有爱国爱港的力量正在汇聚成一股强大的正能量，呵护香港、力挺香港！(2019年8月18日中央电视台《新闻联播》)｜连日来，“饭圈女孩”“帝吧网友”等青年网络群体，主动奋战在与乱港分

子进行“网络斗争”的第一线。(2019 年 8 月 21 日《光明日报》)

【*方舱医院】 fāngcāng yīyuàn　解放军野战机动医疗系统的一种，由若干可以移动的模块建成。现也指依托会展中心、体育场馆等改造修建，用于集中收治新冠肺炎轻症患者的临时医院。例正如专家分析，尽管方舱医院之类的临时医疗点，医疗条件并不像正规医院那样完备，但对于轻症患者来说，能够满足基本医疗和生活需求。(2020 年 2 月 10 日《中国青年报》)｜武汉 16 家方舱医院共计“服役”35 天。在这 35 天里，方舱医院累计收治患者 1.2 万余人，实现了“零感染、零死亡、零回头”。(2020 年 12 月 28 日《经济日报》)

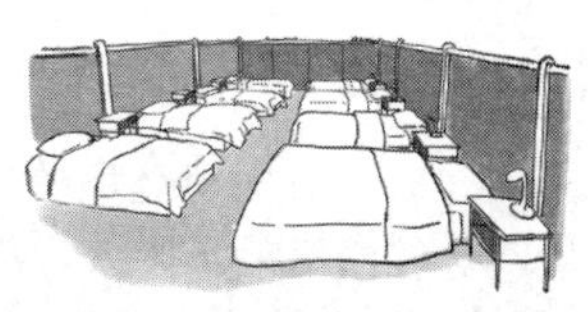

【防疫墙】 fángyìqiáng　名词。喻指由社区工作者、广大志愿者、基层党员干部等构成的疫情防控体系。形容其像墙体一样牢固严密，故称。例非常时刻，千千万万名基层党员干部日夜坚守在一线，为百姓安全筑起一道道“防疫墙”。(2020 年 3 月 8 日《光明日报》)｜越来越多的海关关员冲向口岸一线，用担当与使命守护国门安全，牢牢构筑起第一道“防疫墙”。(2020 年 4 月 6 日《经济日报》)

【非接触银行】 fēijiēchù yínháng　指基于互联网、手机应用程序、客户服务电话等载体提供银行服务的模式。例多年的技术投入和积累，使得“非接触银行”在疫情防控期间得到迅速推广。(2020 年 8 月 31 日《人民日报》)｜2019 年全国银行业平均离柜率已高达89.77%，尤其在新冠肺炎疫情暴发后，“排斥聚集”逐渐成为常态，非接触银行服务兴起，将进一步加剧银行ATM机的式微。（2020年10月13日《经济日报》）

【分调裁审】　fēn tiáo cái shěn　“分流、调解、速裁、快审”的合称。原为最高人民法院针对民商事案件的处理机制，现为各级人民法院服务民生的办案机制。“分流”指依据案件不同类型，按照对口原则分配案件；“调解”指强化案件调解处理；“速裁”指对那些案情相对简单，可以适用简易程序的“快审”案件尽快做出裁决；“快审”指快速审理的案件。例 推进“分调裁审”机制改革，巩固立案登记制改革成果。（2019年3月13日《人民日报》）｜要持续深化“分调裁审”机制改革，有效推进案件繁简分流、轻重分离、快慢分道。（2019年6月14日《人民日报》）

【坟头草】　féntóucǎo　名词。网络用语。完整的说法为“坟头草一米（丈）高”，意思是人已死很久了。用来指没事找事、作死的行为。例 想想这五年以来的亚马逊，估值一直都很高；但如果你一路做空过来，坟头草已经足够我们去踏青。（2019年3月13日搜狐网）｜但现在富士通、NEC等芯片业务的坟头草都有一丈高了，台积电却已成长为业界的加州巨杉。（2019年7月31日新浪网）

【逢问必录】　féngwèn bìlù　指对领导干部插手干预司法、内部人员过问案件，以及与当事人、律师等不当接触交往行为，司法人员要全面、如实记录。例 自2019年8月严格执行“三个规定”以来，不仅检察人员更加注重规范检察办案等行为，“逢问必录”的习惯也正在逐步形成。（2020 年 5 月 7 日《北京青年报》）｜让“三个规定”铁律生威，重在把日常苦口婆心的教育转化成润物无声的文化，形成“问与不问都一样，依法办事最重要”的社会认同和“逢问必录是铁律，职业伦理要牢记”的职业认同。（2020 年 5 月 12 日《人民日报》）

📖 2015 年，中办、国办、中央政法委、“两高三部”为贯彻落实十八届四中全会决定，先后印发《领导干部干预司法活动、插手具体案件处理的记录、通报和责任追究规定》《司法机关内部人员过问案件的记录和责任追究规定》《关于进一步规范司法人员与当事人、律师、特殊关系人、中介组织接触交往行为的若干规定》，要求对于领导干部插手干预司法、内部人员过问案件，以及与当事人、律师等不当接触交往行为，司法人员都要主动记录报告，并进行通报和责任追究，这就是“三个规定”。

【服贸会】 fúmàohuì 名词。“中国国际服务贸易交易会”的简称。例 服贸会同进博会、广交会一起组成了中国对外开放三大展会平台，共同构成新时期“中国制造”和“中国服务”全面发展、进口潜力和出口优势共同展现的全方位开放合作促进体系。（2020 年 8 月 31 日《北京晚报》）｜本届服贸会最大的特点是整合了以往分散在全年的几大展会，包括北京文博会、旅博会、金博会、冬博会、机器人大会等，由此也显得格外火热。（2020 年 9 月 3 日《中国青年报》）

📖 2012 年党中央、国务院批准由商务部、北京市人民政府共同主办中国（北京）国际服务贸易交易会，简称“京交会”。2019 年更名为中国国际服务贸易交易会。2020 年，中国国际服务贸易交易会简称由“京交会”更名为“服贸会”。这是国家级、国际性、综合型的服务贸易平台，已成为中国服务业“引进来”和“走出去”的重要渠道。

【复产复销】 fùchǎn fùxiāo 指受新冠肺炎疫情影响暂停生产和销售的企业恢复生产和销售。例 税务总局收入规划核算司司长蔡自力介绍，增值税覆盖国民经济各领域，增值税发票开票金额和开票户数可较好反映企业复工复产复销状况。（2020 年 4 月 1 日《人民日报》）| 数据显示，全国企业复产复销情况逐月向好，5 月 1 日至 20 日总体销售收入达去年同期的 96.5%。（2020 年 6 月 10 日《经济日报》）

【复工包机】 fùgōng bāojī 为保障全国各地复工复产的顺利开展，航空公司推出的点对点运送企业务工人员返岗的定制航班。也称“复工专机”。例 3 月 14 日，载有 102 名平凉务工人员的包机 MU9700 航班，从固原市六盘山机场起飞前往广州白云机场，这是平凉市继包车包专列“点对点”集中运送务工人员之后首架复工包机，也是省内首架包机。（2020 年 3 月 26 日《中国青年报》）| 今年 2 月中旬起，我们接到了来自长三角企业大量的复工复产需求，大部分都是从西南方向往我们的长三角地区，巧的是，我们的第一班复工包机飞的正是湖州。（2020 年 6 月 6 日《新民晚报》）

【复工贷】 fùgōngdài 名词。复工贷款。新冠肺炎疫情期间银行为帮扶个体工商户、小微企业推出的金融产品。例

目前公司已向中国工商银行广西分行和中国银行广西分行申请“复工贷”5000 万元。(2020 年 3 月 26 日《人民日报》)| 针对个体工商户、小微企业主在恢复生产经营中产生的租金水电支付、原料采购等需求,中行也推出了“复工贷”精准适配。(2020 年 7 月 17 日《北京青年报》)

【复工复产】 fùgōng fùchǎn 特指受新冠肺炎疫情影响暂停生产经营的企业恢复生产经营活动。例 为坚决打赢疫情防控阻击战,1 月 31 日晚,温州又出台涉及人员管控、交通管控、生活必须场所管控和复工复产防控等各个方面的防控疫情“25 条紧急措施”。(2020 年 2 月 4 日《中国青年报》)| 近期,随着不少国家和地区疫情防控形势趋向好转,并逐步放松边界管控和旅行禁令,航空企业复工复产复航开始提上日程。(2020 年 6 月 11 日《人民日报》)

【复工专列】 fùgōng zhuānliè 指全国铁路部门为保障复工复产专门开行的,点对点运送务工人员返岗的定制列车。例 为了让湖北籍外出务工人员顺利返岗,各地采取了不少专项措施,如开行返岗复工专列、专车,让湖北籍员工备感温暖。(2020 年 3 月 23 日《人民日报》)| 与杜康一同启程的,还有 1000 多名返岗复工的东风本田员工。3 月 21 日 16 点 51 分,由十堰东站始发的 G6846 次列车顺利抵达汉口站,这也是新冠疫情暴发以来,首趟抵达武汉的返岗复工专列。(2020 年 4 月 2 日《中国青

知识窗

相关词语

年报》)

【复阳】 fùyáng 动词。指新冠肺炎患者经治疗，核酸检测由阳性转阴性，出院后复检，核酸检测又呈阳性。例北京协和医院内科学系副主任、心内科主任医师严晓伟表示，“复阳”并不能判定为重新被感染。核酸检测不能作为病情复发的唯一依据，判断复发需要 CT 等其他相关检测。(2020年3月17日《中国青年报》)|“复阳”意味着病人身上的病毒没有真正消失，上呼吸道咽拭子、鼻咽拭子查不到，但是下呼吸道在肺里还有病毒。(2020年5月8日《经济日报》)

【副业创新】 fùyè chuàngxīn 利用业余时间，依托互联网平台进行创意创业、智慧创业。例在发展新个体经济方面，将推动完善保障制度，推广线上线下融合服务，促进自主就业、“副业创新”、多点执业等就业新业态发展，激发市场主体创新创业内生动力。(2020年7月16日《光明日报》)|从80后、90后专职或兼职从事电竞顾问、互联网营销师等新职业，到律师、导演等白领兼职做骑手，都体现了发展微经济、鼓励“副业创新”的实际成果。(2020年7月23日《北京青年报》)

G

【改革体验官】 gǎigé tǐyànguān ❶指为帮助政务服务转型迭代、提高政务服务质量，组织企业、机关、高校、第三方测

评机构和普通群众中的志愿者，通过明察、暗访、陪同、旁观、自办等手段找问题、提建议、想办法的政务服务新制度。例 通过推行“改革体验官”制度，政务服务部门牢固树立“企业群众需要什么样的服务，我们就努力提供什么样的服务的理念”。（2019 年 11 月 8 日《北京晚报》）❷指“改革体验官”制度中来自企业、机关、高校、第三方测评机构和普通群众中的志愿者。例 今年 5 月聘请“改革体验官”以来，百余位“改革体验官”提出 359 条建议，问题解决率达到 90%。（2019 年 11 月 7 日《北京青年报》）| 获聘的“改革体验官”可随时到西城区政务服务局检验窗口人员的服务态度和业务水平。（2019 年 11 月 8 日《北京晚报》）

【甘蔗男】 gānzhenán 名词。网络用语。指恋爱初期甜言蜜语，而后又将对方抛弃的男性。因其行为类似吃甘蔗，入口甜，吐出来全是渣，故称。例 甘蔗男在感情开始的初期，他们会用各种甜言蜜语伪装自己，等俘获姑娘芳心后，甘蔗男就会露出渣渣本质，令人食之无味，主动弃之。（2019 年 5 月 8 日网易网）| 最近有关“甘蔗男”的用语又开始流行起来，简言之，就是形容一个男生和女生在一起时，初期很甜，后期就跟甘蔗一样，越来越没味道，最后还剩渣，以此形容交往前、后期判若两人的渣男。（2019 年 7 月 19 日网易网）

 相关词语见“丑橘男”。

【甘蔗女】 gānzhenǚ 名词。网络用语。指恋爱初期甜言蜜语，而后又将对方抛弃的女性。例 其实这个甘蔗女很好理解，甘蔗都是刚开始吃非常的多汁而且甜，但是嚼到最后就只能剩下渣渣，意思就是这个女的刚开始的时候是非常完

知识窗
相关词语

美的很甜，但是相处久了以后就会发现其实是个渣女。（2019 年 3 月 28 日闽南网）｜最近火了“甘蔗女”动漫头像：想做妲己，祸害江山毁了你！（2019 年 3 月 30 日腾讯网）

【干饭人】 gànfànrén 名词。网络用语。指食欲强，吃饭有气势的人。[例]眼下，“打工人”已成为一个强势的模因，“复制”出了“拼单人”“定金人”“吃主人”“尾款人”“熬夜人”“考研人”“上学人”“上课人”“干饭人”等词语。（2020 年 12 月 11 日《光明日报》）｜其实不只是丁真，近年来，一些人名或者网红热词都被拿来注册商标，例如“干饭人”“耗子尾汁”等，呈现了一种病态式的跟风现象。（2020 年 12 月 31 日中央人民广播电台《新闻晚高峰》）

【钢铁直男】 gāngtiě zhínán 网络用语。指性格直爽，与女生交流时直来直去的男性。[例]这个月纷至沓来的新片类型极其丰富，无论是钢铁直男还是饭圈女孩，都能有合口味的选择。（2019 年 9 月 2 日《羊城晚报》）｜开赛前的默哀环节，场上场下的泪水一起奔流，翟晓川、朱彦西……这些平时自诩钢铁直男的首钢男儿泣不成声。（2019 年 12 月 10 日《参考消息》）

相关词语见“丑橘男”。

【港版纳指】 gǎngbǎn nàzhǐ “港版纳斯达克指数”的简称。指 2020 年 7 月 27 日推出的全球第二大单一市场科技股指数的恒生科技指数。[例]市场将恒生科技指数称为“港版纳指”，认为其或将掀起新一轮新经济及科技股投资热潮。（2020 年 7 月 21 日新浪网）｜对即将推出的恒生科技指数，有市场人士将其称为“港版纳指”。（2020 年 7 月 27 日搜狐

网）

【高刷屏】 gāoshuāpíng 名词。具有较高刷新率的手机或电脑等设备的电子显示屏。例 高刷屏有什么用？简单来说，90Hz 每秒刷新画面，相比 60Hz 提升了近 50%，每一帧 11.1ms 的运算时间，可让游戏画面显示更连贯、更流畅，画面滚动更加顺滑。（2020 年 6 月 20 日新浪网）| 反观国产手机，拍照、快充、高刷屏层出不穷，苹果只能通过挤牙膏，用未知的神秘感，来获取还在等待 iPhone 12 的用户的好奇心。（2020 年 12 月 8 日搜狐网）

【隔离经济】 gélí jīngjì 新冠肺炎疫情防疫封闭隔离期间，借助网络平台进行无接触式创业赚钱的经济模式。例 待在家里，相信很多人是没有收入的。如果待在家里，通过网络创业，寻找新商机，那么这种“隔离经济”是否存在呢？（2020 年 2 月 12 日搜狐网）| 当共享经济遭遇疫情期间的“隔离经济”时，不可避免的淘汰以及新的生长点都显现了出来。（2020 年 7 月 21 日凤凰网）

【隔位就座】 géwèi jiùzuò 一种新冠肺炎疫情防疫措施，要求人们在公共场所保持一定距离，彼此间隔，分开落座。例 大家都很自觉地隔位就座，我也在车厢里不断地巡视检查。（2020 年 3 月 2 日《人民日报》）| 学生返校后，学校将实施封闭式闭环管理。每一间教室的座位都张贴隔位就座的标识，食堂以“一人一桌，同向而坐”原则排列餐位，食堂只

知识窗 相关词语

提供基本套餐，提倡打包带走。（2020 年 6 月 3 日《北京青年报》）

【工具人】 gōngjùrén 名词。被当成工具使唤的人或事物。例自我觉醒的设定跨出了性别的单一叙事，这让配角不再是“工具人”而有了生命。（2020 年 1 月 3 日《中国青年报》）| 可能未来真正能拍出重庆的导演，还得是重庆本土或者在重庆生活过的导演，而不是把重庆当成一个“工具人”来拍。（2020 年 10 月 20 日《中国青年报》）

【公域流量】 gōngyù liúliàng 互联网平台上的用户访问量。与“私域流量”相对。例相比过去以平台吸引消费者的“公域流量”，“私域”是原本在线下就是目标客户的人群，通过互联网营销之后，在线上继续成为目标客户。（2020 年 3 月 20 日《新民晚报》）| 直播电商的私域流量尽管目前还不足以挑战平台公域流量的霸主地位，但鲶鱼效应确有助于改变整个电商生态。（2020 年 5 月 29 日《北京青年报》）

【共情伤害】 gòngqíng shānghài 指长时间大量关注地震、海啸、战争、瘟疫等灾难信息后，同情心导致的代入感，致使其抑郁、焦虑、愤怒甚至精神崩溃。例要从那种“共情伤害”中走出来，多读多看有益身心健康的诗书，多做广播体操，以更好的身体状态和精神状态迎接美好的春天。（2020 年 3 月 5 日《新民晚报》）| 疫情是要关注，但海量信息的涌入，加上种种谣言，会让人产生严重的共情伤害，这正是他在疫情期间不断创作的原因。（2020 年 3 月 31 日《北京青年报》）

【共享驿站】 gòngxiǎng yìzhàn 一种社区共享服务模式。指居民将自己闲置的生活用品捐赠出来，供有需要的居民

免费借用。例社区“共享驿站”，是这个小区的一种服务模式创新。其最大的好处在于，让“熟悉的陌生人”参与到社区建设中。（2018 年 12 月 13 日《北京晨报》）| 志愿者还参与了文明养犬劝导、文化长廊清洁服务、公共环境卫生巡查、学校交通安全维护、“共享驿站”便民服务等多项常规服务。（2019 年 4 月 26 日《南方日报》）

共享单车 共享经济 共享农场 共享农庄 共享汽车 共享停车 *共享用工 *共享智谷 共享电单车 共享电动车 殊方共享 通售共享

【共享用工】 gòngxiǎng yònggōng 指在不改变员工与原企业劳资关系的前提下，企业将闲置劳动力阶段性调配给缺工企业的用工模式。也称“共享员工”。例确保就业稳定，企业自身要多努力，灵活采用共享用工、线上招聘等方式，积极稳妥复工复产。（2020 年 2 月 28 日《人民日报》）| 合作企业之间可通过签订民事协议明确双方权利义务，原用人单位不得以营利为目的借出员工，原用人单位和借调单位均不得以“共享用工”之名，进行违法劳务派遣，或诱导劳动者注册为个体工商户以规避用工责任。（2020 年 7 月 23 日《光明日报》）

相关词语见“共享驿站”。

【共享智谷】 gòngxiǎng zhìgǔ 可以共同分享的智库产业园区。例除了备受瞩目的装置集聚区，光明科学城总体规划中，中部光明中心区“乐活城区”、南部产业转化区“共享智谷”的未来布局，同样值得期待。（2019 年 3 月 19 日《南方周末》）| 作为衔接北部“科学山林”和南部“共享智谷”的“乐活城区”，光明中心区规划面积 8.15 平方公里，定位深圳北

知识窗 相关词语

部集商业、文化、游憩、休闲配套于一体的城市新中心。(2019 年 5 月 24 日《南方周末》)

相关词语见“共享驿站”。

【光想青年】 guāngxiǎng qīngnián 网络用语。指光想着干点什么,但什么也没做的年轻人。例 6 月 3 日 19:31,“@天猫”官微为助力天猫 618 理想生活狂欢季,发起“光想青年选拔赛”活动,寻找一位“光想青年”,由天猫联合各品牌为他(她)实现愿望。(2019 年 6 月 6 日搜狐网)| 现实生活中有这样一群青年:他们光想脱单却不行动!光想旅行却不出门!光想健身却不动弹!光想养生却不坚持!这群青年,就叫作光想青年。(2019 年 8 月 19 日腾讯网)

【光影屏】 guāngyǐngpíng 名词。采用光影物显技术的屏幕。例 天安门广场到金水桥南端,大型“红飘带”主题景观、7 棵特效光影“烟花树”、LED 巨幅网幕、3000 多名手持“光影屏”的联欢群众以及各族各界群众,将联欢活动核心区域装扮得流光溢彩、绚丽夺目。(2019 年 10 月 2 日《中国青年报》)| 光影屏上,七只和平鸽、“一带一路”国际合作高峰论坛徽标、可爱的笑脸相继出现。(2019 年 10 月 2 日《光明日报》)

光影物显(Projection Object Display)是通过激光投影显示技术(LDT),结合多种信息传感器、红外感应器、数字信号处理、画面融合处理器、画面分割处理器等装置或技术,融合声、光、触控、互动,使物体表面实现视频内容的成像显示。光影物显是一个基于投影技术、云数据、融合处理技术的信息承载方式,它让生活中的许多场景实现信息可视化，为城市物联网、智慧型城市的建设奠定了基础。

霸屏 冰屏 打孔屏 开孔屏 漏斗屏 全面屏 双霸屏 挖孔屏 无限屏 *折叠屏 *智慧屏

【闺宝】 guībǎo　名词。网络用语。指以闺密为中心，对闺密言听计从的女性。也指被闺密宠坏了的、缺乏自主思想的人。例所谓的闺宝中的闺字就代表闺密，宝就代表宝宝，想必很多人都听说妈宝这个词，闺宝其实也是异曲同工之妙。（2019 年 2 月 15 日搜狐网）｜闺宝就是指不论闺密说的是什么话都会听，就是对闺密言听计从的女孩子。（2019 年 2 月 20 日闽南网）

【国聘】 guópìn　名词。2020 年初，国务院国资委与中央广播电视总台共同发起、国投人力资源服务有限公司与央视频新媒体平台联手主办的线上招聘活动。也称“国聘行动”。例国投集团国投人力推出“国聘行动”，汇聚 70 余家央企、近 50 家优质民企，进行线上“云招聘”。（2020 年 3 月 6 日《人民日报》）｜这条视频给了李斌一个展示自我的全新视角，国聘专场他获得了一家国企的青睐，最终被顺利录用。（2020 年 5 月 18 日《新民晚报》）

H

【海洋命运共同体】 hǎiyáng mìngyùn gòngtóngtǐ　在海洋建设方面将全人类利益统一考虑的理念。例这次多国海军活动，将召开以“构建海洋命运共同体”为主题的高层研讨会，努力为推动构建海洋命运共同体贡献智慧。(2019 年 4 月 24 日《中国青年报》)｜我们要坚持创新驱动，共推海洋经济高质量发展；坚持绿色发展，共建海洋生态文明；坚持合作共赢，共筑海洋命运共同体。(2019 年 10 月 21 日《经济日报》)

📖 2019 年 4 月 23 日，国家主席习近平在青岛出席中国人民解放军海军成立 70 周年多国海军活动时首次提出构建“海洋命运共同体”重要理念。人类居住的蓝色星球是被海洋连结成的命运共同体，各国应共享海洋资源，共同发展海洋经济，共建海洋生态文明。海洋命运共同体理念是人类命运共同体理念在海洋领域的具体实践。

【行业清源】 hángyè qīngyuán 指整治行业监管的漏洞，肃清重点行业领域突出问题的行动，是扫黑除恶专项斗争中“六清行动”(线索清仓、逃犯清零、案件清结、伞网清除、黑财清底、行业清源)之一。[例]要精准把握“六清”行动的目标要求，做好“行业清源”与“专项整治”的结合。(2020 年 4 月 16 日《南方日报》)｜一手促建治乱不放松，加速行业清源，从根本上防止黑恶犯罪滋生蔓延。(2020 年 9 月 5 日《经济日报》)

【航班熔断】 hángbān róngduàn 根据新冠肺炎疫情情况，暂停某些航班航线的运行。[例] 6 月 11 日南航 CZ392 孟加拉达卡至广州航班发现 17 位旅客新冠病毒核酸阳性，已触发航班熔断条件，民航局决定对该航班采取熔断措施。(2020 年 6 月 15 日《北京青年报》)｜继续严格执行远端核

酸检测、航班熔断机制、口岸闭环管理、集中医学观察等风险控制措施。(2020 年 10 月 30 日《北京晚报》)

【*豪横】 háohèng 形容词。原指仗势欺人、强暴蛮横。现也指人家境富裕且行事豪爽、霸气。例 在剧中,老北京的人情义气和市井俚语燕三信手拈来,但其中最具流行气质的莫过于“豪横”。(2020 年 2 月 22 日《北京青年报》)|“我都在这儿住 60 年了,你谁呀? 要啥证,没有!”那天,我拦了一位戴着墨镜、说话倍儿豪横的老爷子。(2020 年 7 月 14 日《北京晚报》)

【好差评】 hǎo-chàpíng 名词。好评或差评。对政府的政务服务满意可以给好评,不满意可以给差评。2019 年 3 月 5 日,李克强总理在《政府工作报告》首次提出,建立政务服务“好差评”制度。例 今年将加强对政策落实的监督,要通过“好差评”,对政务服务、对政策落实形成社会监督、社会推动的倒逼机制。(2019 年 3 月 6 日《北京晚报》)|《领导留言板》推出“政点评”功能,引入“好差评”制度,不仅能为各地开展网上群众工作提供便利,还能帮助各级党政部门提升服务效能。(2019 年 9 月 6 日《人民日报》)

【好物圈】 hǎowùquān 名词。微信研发的一款应用小程序。可以浏览朋友推荐的物品、与朋友交流互动并进行服务信息管理的小程序。例 好物圈是微信提供的物品推荐和服务信息管理工具。用户可以在这里浏览朋友推荐的物品,并与朋友进行互动,交流心得。(2019 年 3 月 8 日新浪网)|好物圈更像一个新的流量入口,正释放着巨大的社交电商潜力,这或许能给腾讯在电商领域的布局带来更多可

知识窗 相关词语

能性。(2019 年 5 月 15 日新浪网)

【河豚精】 hétúnjīng 名词。网络用语。指外表温和、内心暴躁的人。河豚遇到危险时会使胸腹部鼓胀如球,鳞刺竖起,故称。例上辈子河豚精?受点儿气就炸的星座(2020 年 2 月 21 日搜狐网)| 其实这个“河豚精”形容的人还是很多的,而且非常的形象。(2019 年 2 月 25 日闽南网)

【核酸采样】 hésuān cǎiyàng 利用 DNA 分子的特异性,通过采样,检测人体内是否有新型冠状病毒的 DNA,从而判断是否感染新冠肺炎病毒的一种检测方法。例通过大数据筛查和社区排查手段,已累计完成核酸采样 2.8 万余人,核酸检测 1.3 万余人。(2020 年 6 月 18 日《中国青年报》)| 从 4 月 1 日起,海关与地方政府密切配合,对通过空运、水运和陆运口岸入境的所有旅客均实施核酸采样检测。(2020 年 7 月 20 日《人民日报》)

【核酸码】 hésuānmǎ 名词。一种证明核酸检测为阴性的绿色通行码。从国外回国的中国籍乘客,通过微信上传核酸检测阴性证明后,经中国使领馆复核,盖有“HS”标识,可作为登机凭证。例请来自需填报“健康码”或“核酸码”国家的转机人员确保相关材料符合乘机要求,若有特殊情况应在始发地登机前咨询所在地的中国使领馆,避免行程受阻。(2020 年 8 月 4 日搜狐网)| 中外籍旅客在核酸检测报告出具日当天可上传或发送驻德使领馆申领核酸码(中国籍)或

健康声明书(外国籍)。(2020 年 10 月 19 日《新民晚报》)

 相关词语见“红码”。

【黑财】 hēicái 名词。涉黑案件中的财产。例 对已判决案件财产处置情况要开展专项督查,实行一案一专班、一案一台账,做到是黑财的坚决清缴到位、是合法财产的及时返还到位。(2020 年 9 月 15 日《北京青年报》)|要精准铲除“黑财”,既摧毁黑恶势力经济基础,又有力服务“六稳”“六保”工作大局。(2020 年 9 月 26 日《经济日报》)

【黑财清底】 hēicái qīngdǐ 指各地各级法院对涉黑案件财产执行全面追缴。例 二是开展“黑财清底”行动,加大涉黑涉恶案件财产刑的执行力度,确保生效判决的涉黑恶财产限期执行到位。(2020 年 5 月 11 日《南方日报》)|坚持扫黑除恶常态化,开展“六清”行动:“黑财清底”“行业清源”等,确保实现“清到底、清干净”。(2020 年 9 月 4 日《中国青年报》)

【黑洞照片】 hēidòng zhàopiàn 指由事件视界望远镜(Event Horizon Telescope)拍摄的距离地球 5500 万光年的 M87 星系黑洞的照片,这是人类首张黑洞正面照片。例 今天事件视界望远镜(英文简称 EHT)在全球 6 地同步举行新闻发布会公布了这张黑洞照片,照片记录的是室女座星系团中超大质量星系 M87 中心的黑洞。(2019 年 4 月 11 日《中国青年报》)|视觉中国因“黑洞照片”这一导火索,正陷入一场

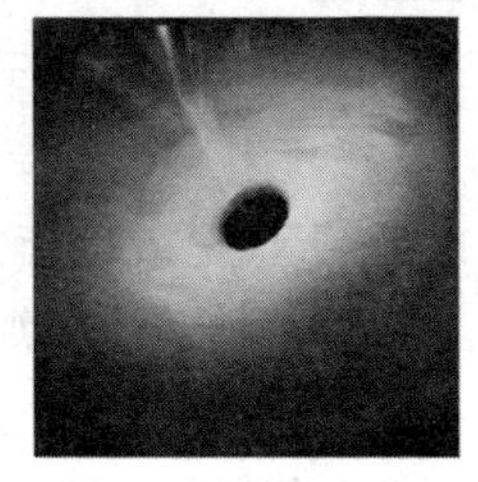

知识窗 相关词语

照片版权的舆论争议中。(2019 年 4 月 12 日《北京晚报》)

📖 根据计算机模拟,由于黑洞自身质量产生的引力透镜效应,环绕黑洞的物质发出的光将变弯曲,在黑洞周围形成一个光环,光环中央衬托出的圆形剪影形成黑洞的轮廓,这就是事件视界。从 2017 年 4 月 5 日起,8 座射电望远镜连续进行了 5 天的联合观测,又经过 2 年的数据分析后得到了人类首张黑洞照片。在黑洞照片发布后,视觉中国网站因"黑洞"照片版权问题,导致公众对该网站其他图片版权的质疑,引发了图片版权标注风波。

【黑衣人】 hēiyīrén 名词。特指在香港修例事件中,穿着黑衣、戴着黑色口罩,严重威胁、破坏香港秩序和安全的暴徒。例平和整洁的街道,周末黑衣人乱窜,袭击警察;游行线路周边店铺关门,连 24 小时便利店都大门紧锁。(2019 年 8 月 18 日《南方日报》)| 两个月来,一群群"黑衣人"在香港循环上演着这样的景象,他们打砸纵火、地铁堵门、围殴游客和记者。(2019 年 8 月 26 日《中国青年报》)

【红码】 hóngmǎ 名词。"红色健康码"的简称。例 2 月 18 日,海南省健康一码通系统上线,结合防疫大数据信息比对校验后生成个人专属二维码,实施"红码、黄码、绿码"三色动态管理。(2020 年 2 月 27 日《光明日报》)| 对身体异常的考务人员进行替换,对监测发现的发热、"红码""黄码"考生关心关注,跟踪跟进他们的身体状况,全力维护考生参加高考的权益。(2020 年 7 月 8 日《中国青年报》)

📖 红码的标准为:确诊病例、疑似病例、无症状感染者以及实施居家(集中)隔离医学观察未满 14 天的治愈出院确诊病人和无症状感染者；确诊病例、疑似病例、无症状感染者的密切接触者；来自疫情高风险地区的人员；正在实施集中隔离医学观察的人员；其他需要纳入红码管理的人员。

*黄码 *亮码 *绿码 码商 *安康码 *畅行码 二维码 *核酸码 互动码 *健康码 码上办 *企业码 *三色码 *苏康码 *随申码 *微型码 *行程码 *粤康码 *码上经济 *码上融资 *码上直办 *首站附码 *一码关联 *一码通乘 *健康通行码 *无码绿色通道

【鸿蒙】 hóngméng 名词。全称华为鸿蒙 OS(Harmony OS)。华为技术有限公司研发的一款基于微内核的面向全场景的分布式操作系统。2019 年 8 月 9 日正式发布。例华为新款操作系统在国内市场命名为“鸿蒙 OS”，在海外市场命名为“Oak(Ark) OS”(方舟)。(2019 年 6 月 8 日《北京青年报》)｜基于智能手机的麒麟芯片和鸿蒙操作系统，华为将把智能终端的硬件生态和应用生态引入到汽车智能座舱。(2019 年 10 月 31 日《中国青年报》)

【*后浪】 hòulàng 名词。原指后辈，源于《增广贤文》“长江后浪推前浪，世上新人赶旧人”。2020 年五四青年节前夕，短视频《后浪》中用“后浪”称呼新一代年轻人，现特指 90 后、00 后。例实际上，90 后不仅是大城市里过着小资生活的“后浪”，也可能是“感觉身体被掏空”的上班族，还可能是勤勉奋斗的小镇青年。(2020 年 5 月 7 日《光明日报》)｜无论是什么年龄，都会经历不同阶段的考验，别怕被“后浪”赶上，别怕被时代抛下，你此刻所有的努力都将成就更好的自己。(2020 年 7 月 12 日《经济日报》)

【后疫情时代】 hòu yìqíng shídài 指新冠肺炎疫情以后的

知识窗 相关词语

时代。例后疫情时代,国际社会应依托“一带一路”等重要国际合作平台,进一步全面加强公共卫生等领域合作,提升应对重大风险和挑战的能力。(2020 年 5 月 8 日《经济日报》)|在“后疫情时代”里,公共生活与人际社交必然会与我们熟悉的过去有所不同,对距离的警惕会持久地影响所有公共活动。(2020 年 8 月 7 日《中国青年报》)

【互联网盲道】 hùliánwǎng mángdào 指专门为视障人士提供互联网服务的读屏软件。可以实现文字和语音双向转换,使视障者能方便、安全地获取和使用网络信息。因其功能与引导盲人行走的道路设施类似,故称。例 3 月 1 日起,我国“互联网盲道”首个国家标准《信息技术互联网内容无障碍可访问性技术要求与测试方法》正式实施。(2020 年 1 月 14 日《工人日报》)|“互联网盲道”国标是保障残疾人信息无障碍权的重要途径,但仅有国标还远远不够,还需要进一步完善立法,加强行政执法。(2020 年 1 月 15 日《广州日报》)

【话梅剧】 huàméijù 名词。网络用语。指具有“笑中带泪,甜中带酸”体验的电视剧。例从 2016—2018 年连续三年 TOP1 剧集都是话梅剧,并且话梅剧的比重还在逐渐增加,评分也逐渐增高,说明电视剧市场在意识到“话梅剧”的市场之后,开始重视其质量的提升。(2019 年 3 月 6 日腾讯网)|“甜宠剧”腻了,“话梅剧”当道了。(2019 年 3 月 21 日澎湃新闻)

【环保式生气】 huánbǎoshì shēngqì 网络用语。指内心十分生气,但能够克制,不迁怒于人,不吵不闹,对周围的人或事没有影响。例《我们都要好好的》在北京卫视开播以来取得了优异的收视成绩和良好的口碑，网络上围绕"丧偶式婚姻""环保式生气""主妇抑郁症"等话题引发热议。（2019年5月21日《北京青年报》）｜所谓"环保式生气"，是指内心已经生气到极点，但表面依旧（假装）风轻云淡，以不浪费资源、不伤害他人、不麻烦他人、不用收拾残局的形式，一个人安安静静发泄情绪的方式。（2019年12月9日搜狐网）

【环物会】 huánwùhuì 名词。"社区环境和物业管理委员会"的简称。在2017年中共中央、国务院出台《关于加强和完善城乡社区治理意见》中首次明确提出。例居民遇到自身和物业无法及时处理的问题，可以通过环物会联系社区内其他物业公司寻求帮助。（2019年6月12日《新京报》）｜环物会在不同小区物业公司间、物业公司与业主间搭建了一个沟通的平台。（2019年7月9日《北京晚报》）

【换锚】 huànmáo 动词。指切换房贷利率的定价基准。中国人民银行发布公告称，自2019年10月8日起，新发放的商业性个人住房贷款利率由原来的以央行发布的贷款基准利率为基础换成以贷款市场报价利率（Loan Prime Rate，LPR）为基础进行定价。因贷款利率会围绕基准利率上下浮动一定百分比，其作用好像使船稳固的锚一样，故称。例8月25日，中国人民银行公告〔2019〕第16号明确，新发放商业性个人住房贷款利率以最近一个月相应期限的贷款基础利率为定价基准加点形成，这也被市场称作房贷利率"换锚"。（2019年9月17日《经济日报》）｜房贷利率首次"换锚"后，北京个人住房贷款利率的水平为首套住房不低于5.4%，

知识窗

相关词语

二套住房不低于 5.9%，相比新政前仅分别提升了 0.01 个百分点和 0.02 个百分点。(2019 年 10 月 8 日《北京晚报》)

【黄码】 huángmǎ 名词。"黄色健康码"的简称。例 根据苏州市有关防疫规定，持绿码者可在公共区域自由活动，持黄码者需居家隔离 7 天，持红码者需集中或居家隔离 14 天。(2020 年 4 月 11 日《北京晚报》)｜游客需测温，并通过扫描北京"健康宝"核验个人健康状况，显示红码、黄码的游客将被谢绝入园。各公园景区还将对门区、售票处、卫生间等重点场所加大消毒频次。(2020 年 6 月 18 日《北京青年报》)

📖 黄码的标准为：体温 37.3℃及以上或出现呼吸系统症状（干咳、咳痰、鼻塞、咽痛、气促、呼吸困难）、身体不适（乏力、肌肉酸痛、头痛、关节酸痛）、消化道症状（腹痛、腹泻、恶心、呕吐）、结膜出血等临床表现之一的人员；来自疫情中风险地区的人员；14 天内与确诊患者、疑似患者和无症状感染者可能存在密切接触，如搭乘同一公共交通工具、居住在同一楼栋单元等情况；其他需要纳入黄码管理的人员。

相关词语见"红码"。

【毁童年】 huǐtóngnián 动词。网络用语。指摧毁、破坏童年时期的美好感受和回忆。例 虽然《圣斗士星矢》是一部日本动漫作品，但是这次 Netflix 的《十二宫骑士》在画风上更具有强烈的欧美风，粉丝大呼"毁童年"，人物画风充斥着浓浓的廉价塑料感，有点像玩偶，动作也不够自然流畅，失去了 1986 年版本中的那种灵动气韵。(2019 年 7 月 17 日《新京报》)｜央视中秋晚会上，歌手谭维维翻唱的一曲《敢问路在何方》，因大胆改编和风格魔性，引发网友热议，被批"毁童

年”。(2019 年 9 月 17 日《北京晚报》)

【火雷速度】 Hǒu-Léi sùdù 指新冠肺炎疫情暴发后，武汉用 10 天建成火神山医院、用 18 天建成雷神山医院的中国速度。例 武汉火神山和雷神山两所医院，以奇迹般的“火雷速度”迅速建成交付，一座座方舱医院投入使用。(2020 年 2 月 20 日人民网)｜几十台大型机械、数千名工人同时作业，10 余天的集中施工，火神山、雷神山两座医院“光速”建成使用，网友称之为“火雷速度”。(2020 年 5 月 14 日《光明日报》)

【火神山医院】 Huǒshénshān yīyuàn 名词。指 2020 年新冠肺炎疫情期间，仅用 10 天时间在武汉市蔡甸区知音湖大道建成的一座集中救治新型冠状病毒肺炎患者的专门医院。中国传统文化中，火可以驱除瘟疫，以此命名医院，表达了人们抗击疫情的决心。例 在这里，武汉将参照北京小汤山医院模式建设一座集中收治新型冠状病毒感染的肺炎患者的专门医院——武汉蔡甸火神山医院，预计将于 2 月 3 日前建成。(2020 年 1 月 25 日《人民日报》)｜为使调研数据更具有普遍性，专家组扩大调研范围，又多次深入火神山医院、泰康同济医院以及各方舱医院开展采样调研，每次时间达 6 小时以上。(2020 年 9 月 24 日《经济日报》)

【火眼实验室】 huǒyǎn shíyànshì 指规模化、标准化的新冠肺炎病毒的核酸检测平台。“火眼”取“火眼金睛”的寓意。例 经过紧张筹备，近日由无锡市委市政府组织，省市卫健委指导，市疾控中心、正则精准医学检验所、华大基因联合共建的类似武汉“火眼实验室”的专项实验室在无锡惠山区建成启用，为企业复工人员提供安全可靠精准的筛查检测服务。（2020 年 2 月 19 日《新民晚报》）｜“火眼实验室”，取“火眼金睛”之意，即用先进检测技术手段第一时间“发现”新冠病毒。（2020 年 9 月 30 日《南方日报》）

【货开客关】 huò kāi kè guān　为防止境外新冠肺炎病例输入，交通部门暂停航空、公路、水运口岸的国际和港澳台客运业务，仅保留货运业务的疫情防控措施。例 外防输入就是要把牢空中、陆地和水上的通道，防止病毒通过这些途径输入国内。继续严格执行公路口岸“货开客关”措施。（2020 年 5 月 30 日人民网）｜各地交通运输部门严格落实“外防输入”和“人物同防”要求，切实做好公路水运口岸“货开客关”，对入境人员实行“点对点、一站式”接运。（2020 年 11 月 28 日中国新闻网）

J

【9102】 网络用语。把“2019”倒序使用，表示时间距今久远。例 9102 年 你准备活成哪种“人设”？（2019 年 1 月 3 日《北京青年报》）｜套用网友时下流行的话说：“都 9102 了，你还能被这些‘科学’流言给忽悠了？”（2019 年 12 月 31 日《中国青年报》）

【996ICU】 “工作 996、生病 ICU”的简称。表示长期超负荷工作会导致患病危险。996，指早 9 点上班晚 9 点下班，每周

工作6天的工作制度;ICU,是“重症加强护理病房(Intensive Care Unit)”的英文缩写。也写作“996.ICU”。例而“996ICU”则是一种讽刺,“工作996,生病ICU”,意味着长期这样过劳工作,最终面临健康的危险。(2019年4月5日《北京青年报》)|这场最初由程序员发起的抵制加班活动,演变成为全民话题。一边围观并亲自参与996ICU的吐槽,一边墨守能者多劳的职场法则加班加点。(2019年4月12日新浪网)

【*鸡】 jī 动词。网络用语。“给××打鸡血”的简称。例家长也不会互相比来比去,觉得很焦虑。也没有说一定要考上藤校,要不然就很丢人。你可以选择鸡娃或者自鸡,但是你不鸡也不会怎样。(2020年1月1日搜狐网)|对自己别放任自流,对娃别自信过头。虽然鸡自己很难,但把娃鸡坏了,鸡到偏离你希望的方向时,结果,可能会更让你们难过。(2020年12月3日腾讯网)

【*鸡汤杀手】 jītāng shāshǒu 充满正能量的话语能让人积极向上,被称为“心灵鸡汤”,传递负面信息,说泄气话,使人情绪低迷的人就是“鸡汤杀手”。现也指说话耿直坦率,不矫揉造作,也不故弄玄虚的人。例上海华山医院的张文宏医生近日成为了舆论场的新晋“网红”,被网民称为“鸡汤杀手”。(2020年3月10日人民网)|有人说,张文宏是“鸡汤杀手”,专治媒体人强行煽情、强行励志的毛病。(2020年3月30日搜狐网)

【基层减负年】 jīcéng jiǎnfù nián 2019年,中共中央办公厅印发《关于解决形式主义突出问题为基层减负的通知》,将

2019年定为基层减负年。强调2019年要解决一些困扰基层的形式主义问题，切实为基层减负。例中共中央办公厅近日印发《关于解决形式主义突出问题为基层减负的通知》，决定将2019年作为基层减负年。（2019年3月20日《中国青年报》）｜要落实好"基层减负年"的各项要求，减负不能只停留在减少多少会议、多少文件上，关键是要把基层干部干事创业的手脚从形式主义的桎梏中解脱出来，激发基层干部的积极性、主动性、创造性。（2019年10月21日《人民日报》）

【*集美】　jíměi　名词。网络用语。福建省厦门市所辖的一个区。网络上有人将"姐妹们"说成带有方言口音的"集美们"，而后流行，用"集美"代指"姐妹"。例拍照要有仪式感，带上鲜花、好心情，约上集美们，来一波美照吧！（2020年4月25日腾讯网）｜集美们，就让这些美妙的连衣裙为你承包整个浪漫的秋天吧！（2020年10月24日腾讯网）

【*集体免疫】　jítǐ miǎnyì　见"群体免疫"。例有的国家甚至放弃了抗击疫情，把所谓集体免疫作为主流，这样对民众、对军人包括对其他的社会要素都是极端不负责任的。（2020年4月19日央广网）

【检视整改】　jiǎnshì zhěnggǎi　"检视问题、整改问题"的简缩。在全党开展的"不忘初心、牢记使命"主题教育过程中，一个显著的特点就是突出问题导向，把检视问题、整改问题贯穿全过程、各方面，在解决问题上真查真改、务求真效。例省委主要领导要求大家以刀刃向内的勇气，不断推进自我净化，不断检视整改问题。（2019年7月14日《人民日报》)｜梅县区政协党组召开对照党章党规找差距工作座谈会，深入学习贯彻习近平总书记关于“不忘初心、牢记使命”重要论述，把检视整改的成果转化为推动工作高质量发展的动力。(2019 年 11 月 4 日《南方日报》)

【剑网 2019】 jiàn wǎng 2019　国家版权局等单位 2019 年联合开展的专项行动。旨在维护清朗的网络空间秩序，营造良好的网络版权环境。例 国家版权局、国家互联网信息办公室、工业和信息化部、公安部四部门联合启动打击网络侵权盗版“剑网 2019”专项行动。(2019 年 4 月 29 日《人民日报》)｜“剑网 2019”专项行动聚焦院线电影、媒体融合发展、流媒体、图片等重点领域，进一步净化了网络版权环境。(2019 年 12 月 27 日《光明日报》)

【健康宝】 jiànkāngbǎo　名词。一般指北京健康宝。一款查询自身防疫相关健康状态的小程序。例 记者了解到，游客入园需要配合测量体温、查验北京健康宝。(2020 年 7 月 22 日《人民日报》)｜为了不耽误您的出行，以上发车时间仅供参考，具体发车时间请问询现场工作人员，请提前到发车地点等候，乘车请主动出示“北京健康宝”绿码，并全程佩戴口罩。(2020 年 8 月 20 日《新京报》)

【健康码】 jiànkāngmǎ　名词。一款疫情防控通行码。用户自主申报疫情防控信息，由各地政府运营的

后台系统自动审核生成个人专属二维码，多以“绿码、红码、黄码”三色实施动态管理。也叫“健康通行码”。例“健康码”为个人自行在线申报，经后台审核生成属于本人的二维码，作为出入通行的电子凭证。（2020 年 2 月 14 日《中国青年报》）｜有了健康码，居民不再需要重复填报健康表格，实现了“无接触式”查验，降低了感染风险。（2020 年 2 月 26 日《中国青年报》）

 相关词语见“红码”。

【健康通行码】 jiànkāng tōngxíngmǎ 见“健康码”。例文化旅游经营场所要严格落实安全生产和疫情防控主体责任，按要求推行“健康通行码”。（2020 年 3 月 24 日《人民日报》）

 相关词语见“红码”。

【降格落实】 jiànggé luòshí 自己不作为，把要落实的责任推卸给下属。例落实脱贫攻坚主体责任不够到位，形成合力不足，脱贫攻坚规划频繁调整，有的市州脱贫攻坚主体责任“降格落实”、层层下卸。（2019 年 1 月 30 日新浪网）｜记者从省政府新闻办发布会上了解到，山东将建立“乡呼县应、上下联动”工作机制，解决“降格落实”“悬空落实”等问题。（2019 年 7 月 4 日齐鲁网）

【接诉即办】 jiēsùjíbàn 由北京市政府推出，以 12345 市民服务热线为主渠道的群众诉求快速响应机制。例在北京，我们参加“12345 市民热线”接诉即办、“四不两直”社区调研，推动整改落实。（2019 年 8 月 13 日《人民日报》）｜主题教育中，北京突出问题导向，将“接诉即办”作为专项工作，坚持民有所呼、我有所应，集中力量解决群众反映强烈的问题。(2019 年 11 月 21 日《人民日报》)

【紧平衡】 jǐnpínghéng 名词。指短期内供需大体平衡但剩余不多，不能充分保证随时供应的状态。例 田玉龙表示，目前医用防护服、N95 口罩仍然处于“紧平衡”状态。我国总体产能每天能达到 2000 多万只，这个产能全球最大，但 N95 口罩和医用外科口罩的产能还需要一定时间恢复。(2020 年 2 月 4 日《中国青年报》)｜从供给情况看，生猪生产供给还处于紧平衡，价格高位运行会持续一段时间，总的看猪肉价格大幅上涨可能性不大。(2020 年 8 月 15 日《新京报》)

【精致穷】 jīngzhìqióng 名词。网络用语。年轻人群体的一种生活方式。虽然收入不多，但也舍得花钱，乐于追求精致的生活而不怕变穷。例 詹青云第二次上榜是在队长争夺战中与许吉如展开“高知女 PK”。这一期的辩题是：“年纪轻轻‘精致穷’，我错了吗？”(2019 年 11 月 12 日《羊城晚报》)｜多数年轻人会在免息期内结清信用卡，把信贷产品当作“省钱”的支付工具使用。专家称，年轻人在“精致穷”的外表下，其实是“精算计”。(2019 年 12 月 20 日《工人日报》)

【精致社会】 jīngzhì shèhuì 在社会各方面注重精致，实现高质量发展和建设的社会。例 把“精致理念、精致精神、精致思维”推广到我国经济、政治、社会、文化、生态各个领域，推广到改革发展稳定各个方面，积极构建“精致社会”。(2019 年 3 月 12 日中国社会科学网)｜我们要在各方面注重“精致”，即“精细、精深、精巧、精美、精良、精彩、精品”，从而建设“精致社会”。建设“精致社会”，将让人民更有底气。（2019 年 3 月 15 日光明网）

【竞速屏】 jìngsùpíng 名词。具有较高刷新率、流畅性更好的电子显示屏。例 iQOO Neo3 配置了 144Hz 高刷新率的竞速屏，在对屏幕进行大幅优化和调校后，实现了更顺滑流畅的画面显示效果，触控跟手性也更佳。（2020 年 4 月 24 日人民网）｜配合 120Hz 竞速屏，让用户在玩游戏、滑动屏幕和切换应用等操作时，能够很明显地感受到更平滑流畅的视觉体验。（2020 年 7 月 9 日人民网）

【净走】 jìngzǒu 动词。一边走路健身，一边随手捡拾垃圾。因走过后的地方干净整洁，故称。例 健步两小时，洁净一座城，日前，厦门思明区启动“净走”行动。（2019 年 4 月 9 日《光明日报》）｜母子俩不是去逛街，而是跟着志愿者队伍“净走”，他们走过石泉路、镇海路、思明南路，边走边将路上的垃圾捡起来，还进入小区宣传垃圾分类并进行垃圾二次分拣。（2019 年 8 月 20 日《厦门晚报》）

【居家令】 jūjiālìng 名词。指政府为应对新冠肺炎疫情，要求居民待在家里非必要情况不外出的疫情防控措施。例 有分析人士指出，政府为应对疫情所发布的“居家令”、企业裁员、无薪休假等措施，都是导致大量美国人失业的直接原因。（2020 年 4 月 9 日《中国青年报》）｜由于全美大多数州都颁布了居家令，旅行需求大幅下滑。（2020 年 4 月 24 日《人民日报》）

【*卷】 juǎn 名词。见“内卷”。例 实际上，“内卷”的语境最

早出现在几所国内一流大学，“你卷了吗”更像是精英学生的自我调侃。（2020 年 11 月 6 日《中国青年报》）| 从宏观来看，竞争是好事，有压力和学习的动力更是值得称赞。说明这些被“卷”的大部分是在乎自己的成绩和未来发展的“好学生”。（2020 年 11 月 9 日《中国青年报》）

【卷王】 juǎnwáng 名词。网络用语。内卷的胜出者。例“边骑车边看电脑”的“清华卷王”等热门词语登上热搜，相关的表情包也出现在了不少大学生的社交软件中。（2020 年 11 月 9 日《中国青年报》）| 2020 年关将至，秋招临近结束。岗位稀缺且求职者甚众的金融行业，在毕业生群体中素有“卷王”之称。（2020 年 12 月 17 日新浪网）

K

【开大前门】 kāidà qiánmén 指将做事和解决问题的正当途径拓宽。2019 年 6 月 10 日，中共中央办公厅、国务院办公厅印发《关于做好地方政府专项债券发行及项目配套融资工作的通知》，强调要把“开大前门”和“严堵后门”协调起来，并鼓励依法依规市场化融资，增加有效投资，促进宏观经济良性循环，提升经济社会发展质量和可持续性。例防范和化解债务风险，都必须用改革的方法解决发展中的矛盾和问题，既要“开大前门”，又要“严堵后门”。（2019 年 6 月 19 日《人民日报》）| 在稳增长和防风险双目标取向下，如何

明确稳投资的资金来源？出路在于制度创新:坚决“堵牢后门”,防风险;适度“开大前门”,稳投资。(2019 年 6 月 24 日《经济日报》)

【刊网微端】 kānwǎng wēiduān 指基于融合发展形式下的报刊、网络平台、微信微博平台及新闻客户端等媒体传播平台融合发展的形式。例 为改进和加强人大新闻舆论工作,全国人大常委会推进“刊网微端”融合发展。建立全国人大外事委员会发言人机制和常委会法制工作委员会发言人机制。(2020 年 5 月 25 日人民网)| 创新人大新闻舆论宣传方式,加快中国人大杂志和中国人大网改革,推进“刊网微端”融合发展。(2020 年 5 月 26 日《人民日报》)

【砍头息】 kǎntóuxī 名词。指高利贷或地下钱庄放贷时预先直接从本金里扣除的贷款利息。因其好像从头上砍了一刀,故称。例 所谓“砍头息”,就是借款人借 1000 元,要被砍掉 300 元作为利息,实际拿到手的只有 700 元,这是不法分子变相收取高额利息的方式之一。(2019 年 2 月 27 日《光明日报》)| 网贷天眼的举报专区显示,有平台以购物券、商城券的名义变相收取砍头息,实际到账金额远低于借款金额。(2019 年 3 月 21 日《新京报》)

【*抗疫】 kàngyì 动词。“抗击疫情”的简称。特指抗击新冠肺炎疫情。例 他们充当一线工人,帮助加紧生产抗疫防控物资,为打赢这场没有硝烟的战“疫”,提供源源不断的弹药。(2020 年 2 月 4 日《中国青年

报》)| 内地和香港齐心协力，一定能战胜疫情，谱写一曲同心抗疫的凯歌。(2020 年 8 月 6 日《人民日报》)

【抗疫精神】 kàngyì jīngshen 在抗击新冠肺炎疫情中形成的众志成城抗击疫情的精神。习近平在 2020 年 9 月 8 日全国抗击新冠肺炎疫情的表彰大会上的讲话中将抗疫精神概括为“生命至上、举国同心、舍生忘死、尊重科学、命运与共”五个方面。例 武汉大学、华中科技大学、四川大学、电子科技大学的学子们云端聚集，共唱原创抗疫公益歌曲《同胞手足》，以青春正能量致敬抗疫精神。(2020 年 5 月 4 日《中国青年报》)| 融入中国精神洪流中的伟大抗疫精神，是新时代中华民族精神的新内容，也是新时代中国人精神面貌的新写照。(2020 年 6 月 1 日《中国青年报》)

【考二代】 kǎo'èrdài 名词。指父母依靠自身努力考入一线城市，而自己又参加一线城市高考的年轻一代。例 在超高分分数段，海淀区占据了压倒性优势，一时间有人惊呼这是“考二代”的胜利。(2019 年 6 月 25 日新浪网)| 这些学霸精英的孩子，现在每年又以数以万计的规模陆续走进了北京高考考场，形成业务能力超强的“考二代”群体。(2019 年 7 月 10 日搜狐网)

拆二代 创二代 富二代 官二代 红二代 *天琴二代

【可乐型男友】 kělèxíng nányǒu 网络用语。指充满乐趣又会惹人生气的男朋友。例(电视剧《我的真朋友》中)邓伦饰演的“毒舌甜心”邵芃橙深受大众喜爱，被网友亲切称为“可乐型男友”，意指“像可乐一样，虽然带气但是很甜，即使喝了会发胖也会想去喝”的男孩。(2019 年 6 月 5 日腾讯

知识窗

相关词语

网）|“可乐型男友”的最突出表现就是气多，生活中经常会有一些小脾气，你迟到了或做错了一件小事，他都有可能使性子。（2019 年 11 月 2 日《今晚报》）

【空降父母】 kōngjiàng fùmǔ　把孩子长时间寄养在亲戚朋友家中，在孩子成长阶段很少给予关心陪伴的父母。例当“空降父母”季区长回到“留守儿童”季杨杨身边时，父子间展现出来的是瞬间爆棚的冲突紧张感。（2019 年 8 月 20 日《北京晚报》）|在《小欢喜》中，咏梅和王砚辉饰演酷炫男孩季杨杨的“空降父母”，咏梅所扮演的“刘静”，被观众誉为完美母亲。（2019 年 9 月 3 日《中国青年报》）

【恐辅症】 kǒngfǔzhèng　名词。网络用语。家长辅导孩子做作业时因容易情绪失控而对此产生恐惧的不正常状态。例每当辅导孩子的作业，不少家长就不自觉开启了“吼叫模式”，甚至患上“恐辅症”。一组家长“崩溃吼叫式”辅导作业的视频更是在网上久传不衰。（2019 年 3 月 4 日《北京晚报》）|当家长有意识地向着科学带孩子的方向前进的时候，恐辅症的发作就会越来越少了。（2019 年 5 月 24 日《北京青年报》）

【*口吐芬芳】 kǒu tǔ fēnfāng　网络用语。原比喻说话优雅好听，现反讽为说不文明的话。例在微博评论或者直播弹幕中，如果网友说了一句脏话，看起来比较解气，就会有人评论说口吐芬芳，相当于直述“骂得好”。（2019 年 10 月 12 日闽南网）|肖战素人时期被扒，与网友互怼“口吐芬芳”，看完内容却圈粉无数！（2019 年 12 月 15 日腾讯网）

【口罩外交】 kǒuzhào wàijiāo　某些西方国家和人士将中

国对外无私提供口罩等抗疫物资，说成是“口罩外交”。例他们诽谤中国物资支持是“口罩外交”，其内心之偏狭、操弄之恶劣，令人错愕。（2020 年 5 月 6 日《人民日报》）｜在海外疫情严重的 3 月，德冠薄膜的出口订单仍能保持增长，事后回想起来，德冠薄膜轮值总裁何文俊认为，“口罩外交”发挥了重要的作用。（2020 年 7 月 15 日《南方日报》）

【夸夸群】 kuākuāqún 名词。指以夸赞群成员为特点的微信群。例近日，各类夸夸群在网络上引发热议，不少高校的学生还建立了各自学校的夸夸群。（2019 年 3 月 13 日《北京青年报》）｜“夸夸群”一改传统的互动交往模式，给群成员以即时的赞美和鼓励，吸引了许多人参与。（2019 年 11 月 3 日《人民日报》）

【跨省联办】 kuàshěng liánbàn 见“跨省通办”。例两地“跨省联办”工作启动后，在医疗保健、群众办事、优化营商环境等工作上，加强数据互信，实现交办分离。同时构建互通模式，建立互办窗口。（2020 年 9 月 4 日四川在线）

【跨省通办】 kuàshěng tōngbàn 公民在政务服务平台上可异地办理业务的举措。因其主要办理模式为一地受理申请、各地政府部门内部协同，故称。也叫“跨省联办”。例要从人民群众需求出发，加快政务数据共享，从教育、社保、医疗、养老、婚育和企业登记、经营许可办理等领域入手，加快推进政务服务“跨省通办”。（2020 年 9 月 30 日《人民日报》）｜公众和企业异地“跨省通办”不当“异客”，少跑路，少费事，少花钱，拥有更多便利获得感，产生更好的政策效果和社会效果。（2020 年 10 月 16 日《北京青年报》）

知识窗
相关词语

【快递盲盒】 kuàidì mánghé 指当作盲盒处理的无人认领的快递邮件。例其他快递盲盒内商品，有的是清口糖，有的是厨房用品，有的是装修工具，市场价普遍都在十几至几十元不等。（2020 年 7 月 16 日《北京晚报》）｜最叫人担心的还是，售卖“快递盲盒”会不会发展成又一种黑产？（2020 年 7 月 18 日《新京报》）

【快奢品】 kuàishēpǐn 名词。兼具奢侈品和快消品特点的商品。例白酒迎“快奢品”时代 未来 5—10 年重仓茅台五粮液（2019 年 5 月 28 日新浪网）｜高端酒迈入 1000 元以上时代，白酒既有奢侈品的价格，又有快消品的高消费频率，更是引发市场热议。（2019 年 6 月 11 日《北京青年报》）

L

【拉踩】 lācǎi 动词。网络用语。通过贬低别的人或物来吹捧自己喜欢的人或物。例在输了这场“战斗”之后，一名蔡徐坤粉丝诚恳地说，“如果榜单丢了，那下周营销号还有对家的拉踩稿子就会满天飞。”（2019 年 7 月 23 日《新民晚报》）｜最近自媒体“淮秀帮”的搞笑视频《假如当年就有饭圈》，畅想或许当年热搜词条会堆满以下内容：“热播剧《还珠格格》主演开始撕番位，影帝候选人拒绝拉踩频频被抱走”。（2019 年 10 月 22 日《中国青年报》）

【揽炒】 lǎnchǎo 动词。港式粤语词。指被对方逼至无路

可走时，跟对方玉石俱焚。例 少数政治激进分子企图“揽炒”香港，绑架750万港人利益，执意把香港逼往绝路，对此中央绝不会坐视不管。（2020年5月23日《人民日报》）| 去年“修例风波”发生以来，“港独”组织和激进分离势力在外国和“台独”势力支持下，公然叫嚣“香港独立”等口号，煽动无底线的“揽炒”，这些违法行径，严重挑战“一国两制”原则底线。（2020年6月1日《人民日报》）

【狼灭】 lángmiè 网络用语。是“狼人”的加强版，比狼人更狠且横的人。例 狼灭是一个衍生词，最先火起来的是“老哥是个狼人”；最后发现狼人都不足以表达其人有多狠，然后就出来了“狼人”，意思是比狼人多一点。没多久又出现一个“狼火”，就是比狼人多三点。最后的终极版本就是“狼灭”了。意思是说要比狼人多三点还要多一横。（2018年11月15日搜狐网）

【狼人】 lángrén 名词。网络用语。比狠人还狠一点的人。通常用于调侃。常说“是个狼人”。例 不得不说，艾利克斯真是个狼人，在绝境时不惜以惨烈的方式为自己找到一个“帮手”。（2019年4月13日新浪网）|《庆余年》陈萍萍是个狼人，一句话秒杀长公主，分分钟掌控全场。（2019年12月18日腾讯网）

【劳奴】 láonú 名词。像奴隶那样被迫劳动的人。例 52名男子失踪，有些人被胁迫干苦力当“劳奴”，有人歇息被打吐血，这很容易让人想起早些年的“黑煤窑”，可这并非“旧闻”。（2019年1月19日《新京报》）| 数年的“劳奴”生活，让孙海达的智力和语言能力退化。回家数月后，孙海达仍无法讲

知识窗 相关词语

述自己的遭遇，家人对他过去几年的生活一无所知。（2019年12月24日网易网）

【*老法师】 lǎofǎshī 名词。原指经验丰富的人或是精通某一行的人。现指摄影技术一般却倚老卖老的摄影师。“老”指思想守旧、固执；“法”指手法单一、缺乏变化；“师”指自以为是、自吹自擂。例他们成了当下年轻人“揶揄”的摄影“老法师”，手持令人羡慕的高端数码单反装备，在颐和园、动物园、角楼、奥林匹克森林公园经常能看到他们的身影。（2019年3月15日《北京晚报》）｜如今，手机摄影已经令人刮目相看，智能手机不仅让年轻的一代为之着迷，也让许多摄影老法师变成了“手机控”。（2019年6月3日搜狐网）

【老赖地图】 lǎolài dìtú 能对一定区域内的老赖进行实时定位的警示图。老赖是指失信被执行人，即具有履行能力而不履行生效法律文书确定的义务的人。例这款小程序就是河北省高级人民法院近日向社会开通的小程序“老赖地图”，用户可以通过该平台查询身边失信被执行人名单信息。（2019年1月14日《北京青年报》）｜河北省高级人民法院自主研发的微信小程序——“老赖地图”近日正式上线。有了这个“神器”，“老赖”将成为过街老鼠。（2019年2月12日《人民日报》）

【老小旧远】 lǎo xiǎo jiù yuǎn 关于民生的四个问题。“老”指养老体系和养老服务；“小”指幼儿托育和青少年教育；“旧”指旧区改造和历史风貌保护；“远”指乡村振兴和偏远地区脱贫。例要围绕“老小旧远”等民生突出问题，持续深化城市精细化管理和社会治理，确保城市安全运行。

(2019 年 8 月 24 日《新民晚报》)|我们要聚焦诸如养老服务、幼儿托育、旧区改造、乡村振兴这些“老小旧远”的突出难题,统筹推进好底线民生、基本民生、质量民生,把民生实事一件一件办扎实。(2019 年 8 月 26 日《光明日报》)

📖 “老小旧远”是 2019 年上海两会的热词之一。具体来说,指的是养老体系和养老服务、幼儿托育和青少年教育、旧区改造和历史风貌保护、乡村振兴四个方面的问题。这是近年来各地尤其是上海日渐凸现的几大民生问题。它涵盖了老人、孩子、老房子里的居民和郊区的农民等四个很大的群体。相对来说,这些群体也是最需要关心的人。

【雷神山医院】 Léishénshān yīyuàn 指 2020 年新冠肺炎疫情期间,仅用 18 天时间在武汉市江夏区强军路建成的一座集中救治新型冠状病毒肺炎患者的专门医院。中国传统文化中,雷神是惩罚罪恶之神,以此命名医院,表达了人们抗击疫情的决心。例武汉市新冠肺炎疫情防控指挥部做出一个重大决定:半个月内在武汉市江夏区黄家湖再建一所雷神山医院。(2020 年 2 月 10 日《中国青年报》)|“我们要跟死神抢时间!”作为雷神山医院援建队伍的一员,中建二局安装工程有限公司项目工程师甘泉胜难忘那段昼夜鏖战的日子。(2020 年 9 月 8 日《中国青年报》)

【离岸审批】 lí'àn shěnpī 指对无法入境办理企业登记的自然人、法人及其他经济组织,以登记文书线上流转的模式实现跨境审核批准营业执照。例对“材料齐全、符合法定形式”的登记申请,青岛市行政审批局将“即来即办、离岸审批”,将制好的纸质证照通过快递免费寄送给外商,为外资企

业和个人提供“不见面、零跑腿”的青岛服务。(2020 年 2 月 20 日人民网)|苏州工业园区以登记文书线上跨境流转模式实现了外资企业登记“足不出境”“离岸审批”,解了企业的燃眉之急。(2020 年 9 月 15 日《人民日报》)

【理解赤字】 lǐjiě chìzì 指对某一事物的认知偏差。特指美国的某些人对中国的认知存在偏误,好像经济活动中出现赤字一样,故称。[例]消弭“理解赤字”,保持接触是前提。一个开放、进步和友善的中国,需要走近才能发现。(2019 年 12 月 9 日新华网)|美国对华认知,因历史文化制度等差异,更受到政治因素影响,呈现出较大的“理解赤字”。(2019 年 12 月 9 日《光明日报》)

【两新一重】 liǎngxīn yīzhòng “新型基础设施建设,新型城镇化建设,交通、水利等重大工程建设”的合称。2020 年 5 月 22 日,李克强总理《政府工作报告》中提出。[例]重点支持既促消费惠民生又调结构增后劲的“两新一重”建设,体现了以供给侧结构性改革为主线、以扩大内需为战略基点、以民生为导向的要求。(2020 年 6 月 4 日《人民日报》)

【两征两退】 liǎngzhēng liǎngtuì “一年两次征兵两次退役”的简称。2020 年起实行的义务兵征集新政策。[例]“两征两退”改革暨 2020 年全国征兵工作电视电话会议 1 月 16 日在京召开,为广大适龄青年踊跃报名参军、投身强军伟业创造良好条件。(2020 年 1 月 17 日《光明日报》)|根据春季征集的重点人群,县人武部协调教育局、公安局等部门,了解近 5 年来高青县大学生的相关信息,向适龄青年发送“两征两退”相关政策的短信,告知报名时间、体检要求等简要信

息。(2020 年 2 月 6 日人民网)

【亮码】 liàngmǎ　动词。指新冠肺炎疫情期间出示个人健康码。例 杭州健康码实施“绿码、红码、黄码”三色动态管理:即显示绿码者,市内亮码通行,进出杭州扫码通行。(2020 年 2 月 19 日《新民晚报》)｜杭州 26 日下发通知明确加快推行“健康码”国际版,机场、火车站、码头、长途客运站等全面检查健康码,地铁、公交、出租车、网约车等交通工具要继续亮码乘车。(2020 年 6 月 28 日《新京报》)

相关词语见“红码”。

【灵魂砍价】 línghún kǎnjià　指医保专家出于为病人负责的良心,在药品价格上与药企谈判,将药价降低。例 日前,“医保专家灵魂砍价”的视频火遍全网。在国家医保药品谈判现场,医保专家许伟将治疗糖尿病药品达格列净片的价格从“5.62 元”砍到了全球最低价“4.36 元”,被无数网友称赞。(2019 年 12 月 18 日《科技日报》)｜“灵魂砍价”让药价更便宜了,蓝天、碧水、净土保卫战让生态更美了。(2019 年 12 月 31 日《人民日报海外版》)

【零钱卡】 língqiánkǎ　名词。一些科技公司联合银行推出的零用钱银行卡。是一种可以支持无网络的支付方式。例 更具创新意义的是,“华为钱包”零钱业务首次推出华为“零钱卡”,打通支付消费和智能理财,支持客户使用零钱余额、基金和绑定的银行卡进行支付,更可在手机闪付、银联二维码等不同场景下自由使用。(2019 年 7 月 30 日《北京晚报》)｜在小米钱包中开通零钱卡,支持小米生态的各种场景应用。(2019 年 10 月 23 日中央人民广播电台《河南财

经》）

【令和时代】 lìnghé shídài 日本启用新年号“令和”后的时代。2019年5月1日起，日本将年号“平成”改为“令和”。例今年是中华人民共和国成立70周年，日本也进入令和时代，日中之间构筑新时代的新关系，不仅对于日中两国，对世界来说都具有重大意义。（2019年10月22日人民网）｜这是新海诚继《你的名字》后，时隔3年的又一部动画电影，也是他的第7部及进入令和时代后的首部动画电影，更获得代表日本角逐第92届奥斯卡最佳国际影片奖的资格。（2019年10月29日《北京青年报》）

【流调】 liúdiào 名词。“流行病学调查”的简称。是疫情防控中根据《中华人民共和国传染病防治法》和《突发公共卫生事件应急条例》等依法依规开展的一项基本工作。例流调能及时对密切接触者进行隔离，切断病毒传播。（2020年3月19日《中国青年报》）｜每当“新冠”确诊者出现，流行病学调查紧随其后，这个业内简称“流调”的过程，就是对病毒“流窜图”的解码。（2020年5月11日《新京报》）

【流调员】 liúdiàoyuán 名词。“流行病学调查员”的简称。例流调是一项烦琐而费时的工作。流调员必须依据《新型冠状病毒感染的肺炎病例个案调查表》，与患者面对面交流，详细询问对方几十个问题，这需要患者的积极配合。（2020年2月17日《中国青年报》）｜到达病例家中后，3名流调员围绕病例的基本情况、就诊时间等方面做了详细调查。（2020年6月24日《北京晚报》）

【流疫】 liúyì 名词。“流行性疫情”的简称。流行性疾病发生及发展情况。例面对百年大变局和百年大流疫的叠加冲击，世界格局和国际秩序将会发生怎样深刻复杂的调整与变化？中国又该如何应对？（2020年10月20日中国网）

【六保六稳】 liùbǎo liùwěn 见“六稳六保”。例全球主要经济体宽松环境为我国宏观政策、“六保六稳”实施创造了好的外部环境。（2020年9月3日腾讯网）

【六清】 liùqīng 名词。“线索清仓、逃犯清零、案件清结、伞网清除、黑财清底、行业清源”的合称。例各地各有关部门以办好挂牌督办案件为牵引，带动万起案件依法加快办理，推动“六清”行动目标任务加速实现。（2020年8月20日《人民日报》）｜今年4月，陈一新曾主持召开全国扫黑办第9次主任会议。他提到，要深入开展“六清”行动，展开扫黑除恶大决战。（2020年9月15日《北京青年报》）

【六稳六保】 liùwěn liùbǎo “稳就业、稳金融、稳外贸、稳外资、稳投资、稳预期”和“保居民就业、保基本民生、保市场主体、保粮食能源安全、保产业链供应链稳定、保基层运转”的合称。也叫“六保六稳”。例公司积极落实中央“六稳六保”的决策部署，稳定就业，全国门店复工率在90%以上。（2020年5月22日《北京青年报》）｜面对新冠肺炎疫情冲击和国内外经济形势变化，南京市聚焦“六稳六保”，推出“四新”行动计划，形成以保促稳、稳中求进的良好格局。（2020年8月21日《光明日报》）

📖 “六稳”是2018年7月31日召开的中共中央政治局会议首次提出的，“六保”则是2020年4月17日召开的中央政治局会议首次提出的。2020年5月22日，李克强总理在做

知识窗 相关词语

政府工作报告时对两者的关系进行了阐述："'六保'是今年'六稳'工作的着力点。守住'六保'底线，就能稳住经济基本盘；以保促稳、稳中求进，就能为全面建成小康社会夯实基础。"

【龙眼男】 lóngyǎn nán　名词。网络用语。指像龙眼（也叫桂圆）一样的男生，外表看起来不起眼，但相处起来很甜，内心坚强。例 龙眼男，外表枯燥无味，里面巨甜无比，但当你真正走进他的内心会发现他的内心又黑又硬，坚若磐石！（2019 年 4 月 18 日搜狐网）｜龙眼男，看着外表很枯燥不光滑，其实里面非常的甜，但是当你走进他的内心的时候发现他的核是黑色的还非常坚硬。（2019 年 4 月 24 日网易网）

相关词语见"丑橘男"。

【旅游泡泡】 lǚyóu pàopao　指新冠肺炎疫情得到控制的国家及地区之间建立旅游合作关系，允许民众跨境旅游且入境后无需隔离，形成安全的社交圈子。该词来自国外媒体，源于英文 travel bubble，故称。也叫"旅游气泡"。例 近日，日本宣布了在柬埔寨、老挝、马来西亚等五个亚洲国家和地区开展旅游泡泡，这些国家和地区将与泰国和越南一起列入日本的旅行泡泡名单。（2020 年 9 月 30 日腾讯网）｜10 月，台湾"观光局"正式将帕劳纳入"旅游泡泡"实施名单，双方人员入境都不需要经过隔离，但以团体行为主，且旅客必须先提交核酸检测阴性证明。（2020 年 10 月 25 日新浪网）

【旅游气泡】 lǚyóu qìpào　见"旅游泡泡"。例 今年 5 月，香港旅游发展局推出过香港旅游业的复苏计划"三部曲"，先鼓励本地旅游，再透过"旅游气泡"，最后全面恢复国际旅游，将

香港旅游业逐步拉回正轨。(2020 年 9 月 3 日腾讯网)

【绿码】 lǜmǎ 名词。“绿色的健康码”的简称。例针对市民的实际情况,湖州市在 2 月 16 日正式推行健康码机制,以“红码”“黄码”“绿码”来区分确诊病人、疑似病人,接触人员、隔离人员,普通人员。(2020 年 2 月 20 日《光明日报》)| 利用“绿码、黄码、红码”三色健康码实施市民健康状况动态管理,为统筹推进疫情防控和经济社会发展各项工作落地落实落细提供了强有力支撑。(2020 年 5 月 7 日《人民日报》)

相关词语见“红码”。

【绿氢】 lǜqīng 名词。“绿色氢气”的简称。绿氢以水为原料制成,制备过程中二氧化碳排放为零,故称。例为实现 2050 年温室气体“净零排放”目标,零排放、零污染、具有可持续性的“绿氢”被欧盟寄予厚望。(2020 年 9 月 2 日《人民日报》)| 德国联邦政府于 2020 年 6 月发布《国家氢能战略》,指出要利用发展氢能来增长经济、创造就业和保护环境。该战略专注发展“绿氢”,即用可再生能源电解水制氢作为重点发展方向。(2020 年 10 月 23 日《南方日报》)

氢气的制备技术主要有三种。除了“绿氢”之外,另外两种分别是“灰氢”和“蓝氢”。“灰氢”是用化石原料制备,制造成本低,但碳排放高,目前 95% 的氢能制备是用化石原料,而未来该技术将逐步淘汰。“蓝氢”也是用化石原料制备,但其加上了碳捕获与封存技术。这种方式的优点是技术相对成熟,碳强度较低,社会接受度高,但成本昂贵。

M

【妈妈粉】 māmafěn 名词。网络用语。对年纪较大或已生育子女的女粉丝的戏称。例无论是帅气“酷盖”，还是少年气十足的弟弟，可以让粉丝们以“妈妈粉”“女友粉”“姐姐粉”等各种自己喜欢的身份参与和介入偶像的塑造过程中。(2019年8月19日《中国青年报》)｜对于喜获“妈妈粉”，吴京表示既惊喜又开心：“无论受什么伤，看到今天被大家肯定我还是很高兴的，演员受伤在所难免，但以后会尽量少受伤，感谢大家对我的关心。”(2019年9月29日搜狐网)

掉粉 果粉 互粉 拉粉 溜粉 圈粉 团粉 脱粉 唯粉 真粉 *脂粉 路人粉 *墙头粉

【码上经济】 mǎshàng jīngjì 指大量中小微企业、商户以二维码作为线上与线下运营的主要接口，以实现线上交易的经济模式。例微信支付的应用极大地拓展了二维码的商业价值，开创了独有的中国模式“码上经济”。(2020年1月9日腾讯网)｜基于敏捷灵活的微信二维码生态催生出高适应性码上经济，在疫情期间对社会经济生活发挥重要影响力。(2020年5月29日《南方日报》)

相关词语见“红码”。

【码上融资】 mǎshàng róngzī 指企业通过扫描二维码申请银行贷款的一种服务。新冠肺炎疫情期间，为了帮助企业精准获取各项贷款品种及金融产品信息，提供这种服务能够加快企业授信审批和放贷速度。例“企业码”主要是以企业急需的、高频使用的应用场景为突破口，提供扫码进码、码上名片、码上融资、码上合作、码上信用等八方面应用。(2020 年 4 月 27 日《光明日报》)｜以往企业融资需要实地跑银行，有了“码上融资”这一应用模块，企业申请贷款“码”上操作，就会被迅速受理。(2020 年 6 月 23 日《经济日报》)

相关词语见“红码”。

【码上直办】 mǎshàng zhíbàn 企业通过企业二维码快速办理生产经营的各种事务。在浙江省首先应用并向全国推广。例码上直办可让企业快速办理税务、社保、市场监管等业务。(2020 年 4 月 23 日《中国青年报》)｜所有申请“企业码”的企业，还可以通过系统获取政府部门政策解读、信息发布，享受“码上直办”“码上融资”等公共服务，不受时空限制。(2020 年 6 月 23 日《经济日报》)

相关词语见“红码”。

【买短乘长】 mǎiduǎn chéngcháng 指旅客购买了短途车票，到站后不下车而是继续乘坐，超出车票的乘车区间。例买短乘长虽然失信，但归根结底是运力不足导致。(2019 年 5 月 6 日《北京晚报》)｜此次打击的“买短乘长”恶意逃票，是指乘车时故意购买短途票，到站后企图蒙混过关的逃票行为。(2019 年 7 月 19 日《中国青年报》)

【慢选项】 mànxuǎnxiàng 名词。指在数字化时代保留的传统人工服务方式。因是处理事务速度较慢的选项，故称。

例在公共场所等一些生活场景，为没有条件学或者学得慢的老人保留传统的“慢选项”，让他们不至于在信息高速公路上步履维艰。（2020年7月30日《人民日报》）｜给老年人在风驰电掣的“快时代”留个“慢选项”，才能填补代际间的数字沟壑，让老年人享受到数字时代的馈赠。（2020年10月13日《人民日报》）

【芒果男】 mángguǒnán 名词。指外表猥琐、内心肮脏的男性。例芒果从里到外都是黄色的，所以芒果男的意思就是说外在和内在都是非常重的，而内心是又黄又硬，这样的男生大家可千万不要遇到。（2019年4月20日腾讯网）｜假如把男生比作一种水果，你男友是哪种？芒果男、甘蔗男最不能要。（2019年4月26日腾讯网）

相关词语见“丑橘男”。

【盲盒】 mánghé 名词。指包装相同，里面装着不同款式玩具的盒子。因消费者不能预知具体款式，具有随机性，故称。例严格意义上的盲盒，就是玩家投入少量钱后就能获得的装有物品的盒子，盒子里的物品样式需要打开后才能知晓。（2019年9月19日《中国青年报》）｜盲盒的随机性、潮流性和新一代消费者购物的悦己性，催生了“惊喜经济”的快速发展。（2019年12月20日《经济日报》）

【猫南北】 māonánběi 名词。网络用语。仿“狗东西”造词，意思和用法与“狗东西”类似。例最近改情侣名字也是

很火，铺天盖地的猫南北跟狗东西组合，都是某短视频平台炒出来的。（2019 年 5 月 22 日搜狐网）| 以后我就改名猫南北了，你呢？（2019 年 5 月 27 日搜狐网）

【萌新】 méngxīn 名词。“卖萌的新手”的简称。泛指新手。例为了帮助“萌新”种上一颗读书的“种子”，学校已经连续 6 年开展“为新生推荐一本书”活动，这是学校给新生准备的一份“精神大餐”。（2019 年 4 月 24 日《光明日报》）| 对于刚入职场的“萌新”而言，他们中的绝大多数并没有平衡工作与生活的经验。（2019 年 8 月 6 日《中国青年报》）

【密接】 mìjiē 动词。“密切接触”的简称。指与流行性疾病患者密切接触。例借助大数据比对，根据全国疫情风险程度、个人在疫情严重地区停留时间次数、与密接人员接触状态等个人有效信息，量化赋分后最终生成相应的三色码。（2020 年 2 月 18 日《人民日报》）| 会议强调，要从严从快开展病例流调溯源，追溯时间要足够长，密接范围要足够准，确保不漏一人。（2020 年 6 月 12 日《北京晚报》）

【免疫护照】 miǎnyì hùzhào 指发给新冠肺炎病毒免疫者的电子凭证或实物凭证。例政府正考虑是否向抗体检测阳性人员发放“免疫护照”，解除对其出行限制。（2020 年 5 月 15 日《北京晚报》）| 关于新冠肺炎康复者的分析，凸显了使用“免疫护照”的潜在风险，支持采用公共卫生干预手段并开展广泛的病毒检测。（2020 年 7 月 2 日《光明日报》）

【秒辞】 miǎocí 动词。入职不久就辞职。也称“闪辞”。例时下，“一言不合就离职”“工作不是当初想象的模样就闪退”，一些青年说走就走、频繁跳槽的“秒辞”引来讨论。

(2019 年 2 月 11 日《人民日报》)| 社会的发展,一个重要标志,就是人的个性得到充分舒展。如果用人单位乃至职场老人,忽视年轻人多元多样的需要,还抱有传统眼光,固守控制性思维,难免会产生格格不入,这也会导致和加剧年轻人“秒辞”。(2019 年 11 月 1 日《北京青年报》)

秒标 秒贷 秒懂 秒购 秒光 秒拍 秒赔 秒杀 秒删 秒赞 秒转 闪辞 裸辞

【秒批即办】 miǎopī jíbàn 快速审批办理。通常指政府有关部门通过无人工干预的电脑自动化审批系统办理政务登记,收到申请,立即审批办理。例 在企业开办方面,优化企业开办“一天办成”流程并实现开办环节全程网上办理,同时推出“秒批即办”服务。(2019 年 9 月 12 日搜狐网)

【名场面】 míngchǎngmiàn 名词。指影视作品中给人留下深刻印象、为人熟知的经典片段。例 系列组画以京剧戏目为主题,通过经典的京剧戏目中的“名场面”来展示一个个栩栩如生的京剧人物形象。(2019 年 5 月 10 日《南方日报》)| 央视制作的《主播说联播》《康辉 vlog》合集等栏目在 B 站上圈粉无数,诞生了许多在网友间口耳相传的“名场面”和金句。(2019 年 12 月 11 日《北京青年报》)

N

【南泥湾计划】 nánníwān jìhuà 华为技术有限公司实施的

一项发展战略。该计划与自力更生、艰苦奋斗的南泥湾精神一脉相承,故称。例过去的南泥湾,通过一手拿枪,一手拿镐,瓦解了美国封锁的企图;今天,华为通过南泥湾计划,自力更生,艰苦奋斗,也终将打出一个"好江南"!(2020年8月9日腾讯网)|据消息人士表示,集团目前正在开展以发展笔记本电脑、智慧屏及物联网生态产品为核心的"南泥湾计划"。(2020年10月30日《南方日报》)

【脑语者】 nǎoyǔzhě 名词。全球首款脑机接口专用芯片。该芯片的脑－机接口技术,可以识别出头皮脑电中极微弱的神经信息,在大脑和计算机之间直接建立联系,故称。例精解码、高指令、快通信、强交互,这是"脑语者"的四大优势。(2019年5月19日《光明日报》)|中国电子信息产业集团数据科学家程龙龙表示,"脑语者"系列芯片有望实现我国脑－机接口关键技术自主可控,引领我国脑科学和类脑智能研究弯道超车。(2019年5月20日《新京报》)

2019年5月17日,全球首款脑机接口专用芯片"脑语者"在第三届世界智能大会上正式发布。"脑语者"由天津大学和中国电子信息产业集团联合研发,拥有完全自主知识产权。它通过捕捉人脑发出的脑电信息,经过解读、处理,转变为控制机器的信号,极大地提升大脑、机器之间的通信效率,使之真正成为使用者的"第三只手"。

【内卷】 nèijuǎn 名词。行业内部间的非理性竞争。也叫"卷"。例在鼓励通宵达旦的所谓"奋斗"时,是否已让员工卷入低效能工作节奏,这会不会也是企业"内卷"的衰颓迹象?(2020年9月18日《中国青年报》)|《顶尖高校:绩点

知识窗 相关词语

考核下的人生突围》一文揭批高等教育的"内卷"困境引发热议。(2020 年 10 月 21 日《新民晚报》)

【内味儿】 nèi wèir　网络用语。即"那(nèi)味儿"。例这波操作简直有 A 股内味儿了:一个"跟涨不跟跌",一个"跟跌不跟涨"。(2020 年 4 月 5 日搜狐网)｜AI 修复 100 年前晚清影像喜提热搜,有穿越内味儿了!(2020 年 5 月 10 日搜狐网)

【*逆行】 nìxíng　动词。特指新冠肺炎疫情期间,医疗护理、志愿者等人员没有躲避、远离,而是主动到疫区去从事抗疫工作。例这些天,一批医护人员向疫区"逆行"的画面,令人动容。(2020 年 1 月 23 日《中国青年报》)｜面对疫情风险等困难,项目管理团队 6 名高管主动请缨,逆行前往巴基斯坦,坚守现场,保障项目试运行期间各项工作有序开展。(2020 年 12 月 21 日《经济日报》)

【逆行出征】 nìxíng chūzhēng　迎难而上,坚决斗争;特指前往疫区,抗击疫情。例在这场严峻斗争中,全省医务工作者和援鄂医疗队员白衣执甲、逆行出征。(2020 年 3 月 11 日《中国青年报》)｜党中央一声令下,4 万多名白衣战士逆行出征,全国 10%的重症医护人员齐集武汉。(2020 年 9 月 8 日《中国青年报》)

【逆行人】 nìxíngrén　名词。见"逆行者"。例我们看到,有些景区承诺疫情结束后一线医务人员可以免费参观,有些医院给予一线医务人员重金奖励,这些都让"逆行人"感到温暖。(2020 年 3 月 7 日《北京青年报》)

【*逆行者】 nìxíngzhě　名词。特指新冠肺炎疫情期间驰援疫区的医护人员、志愿者等。也叫"逆行人"。例 为了保护孩子和家人的安全，像李娜这样的"逆行者"不得不采取独居的方式进行自我隔离。(2020年2月12日《中国青年报》)｜

在全民抗击新冠肺炎疫情的紧要时期，天空中出现了一群不寻常的"逆行者"。(2020年3月5日《北京青年报》)

【农业经理人】 nóngyè jīnglǐrén 在农民专业合作社等农业经济合作组织中，从事农业生产组织、设备作业、技术支持、产品加工与销售等管理服务的人员。2019年4月1日，人力资源社会保障部、市场监管总局、统计局正式发布，农业经理人是13个新职业之一。例 2019年，中央财政将继续安排20亿元聚焦乡村振兴人才需求，分层分类实施农业经理人、新型农业经营主体带头人等培育计划。(2019年5月13日《中国青年报》)｜在生产扶持领域，支持农业经理人所在经营主体优先承接农业基础设施建设、农业生产发展等相关支农项目。(2019年5月24日《经济日报》)

知识窗 相关词语

P

【盘它】 pántā 动词。网络用语。"盘"指拿在手里来回盘弄抚摸，"盘它"可以理解为玩它、修理它。也写作"盘他"。

例干干巴巴，麻麻赖赖，一点都不圆润，盘它！（2019 年 1 月 20 日《中国青年报》）｜记者在战士们的手机上看到过一段视频：几十位消防战士对着森林大火喊道，“兄弟们上！盘它！”（2019 年 4 月 5 日《人民日报》）

【喷喷群】 pēnpēnqún 名词。指以贬损别人为特点的微信群。与“夸夸群”相对。例北大辩论队认为喷喷群恰恰是告诉对方不要沉浸在虚伪的夸奖之中，要从别人不那么友善的言论中发现自己有用的闪光点。（2019 年 3 月 25 日《中国青年报》）｜无独有偶，还有一种“喷喷群”，任你再一帆风顺，一堆人上来挑毛病，一会儿就让你对高光时刻产生“不过如此”的自省。（2019 年 4 月 1 日《人民日报》）

【屏幕经济】 píngmù jīngjì 指以屏幕为媒介，带动相关产业发展的经济模式。屏幕包括电视屏幕、电脑屏幕、手机屏幕、景观屏幕等。例以线上影院、短视频平台、主流手游等为代表的“屏幕经济”如火如荼。（2020 年 3 月 24 日人民网）｜从电视购物到直播电商，中国屏幕经济的发展之路（2020 年 4 月 29 日百家号）

【破袋神器】 pòdài shénqì 能够方便地撕破垃圾袋的工具。例殷行社区 580 余名分拣员和指导员人手一把破袋神器，垃圾分类的效率和准确率都大大提高。（2019 年 7 月 3 日《新民晚报》）｜据介绍，上海建议有条件的小区因地制宜适当延长垃圾箱房开放时间，同时大力推广“破袋神器”。（2019 年 9 月 11 日《经济日报》）

【破疫】 pòyì 动词。“破除新冠肺炎疫情”的简缩。例慎终如始，破疫而行。（2020 年 4 月 3 日《南方日报》）｜当前，广东正在统筹推进疫情防控和经济社会发展，聚力“六稳”“六保”，奋力破疫前行，经济社会复苏势头强劲，向好态势明显。（2020 年 6 月 16 日《光明日报》）

Q

【714 高炮】 714 gāopào 期限为 7 天或 14 天的超高利息非法网络贷款。高炮主要指超高的利息和逾期费用。例 所谓“714 高炮”，指的是借款周期在 7 天或 14 天，年利率畸高、需要交纳砍头息及高额逾期费用的贷款平台。（2019 年 3 月 21 日《新京报》）| 北京、厦门、天津、广州等多地协会相继发布关于 714 高炮、超利贷的风险提示函，对辖区内相关机构进行摸底排查。（2019 年 4 月 12 日《新京报》）

【七人普】 qīrénpǔ 名词。“第七次全国人口普查”的简称。指 2020 年中国开展的人口普查，主要调查人口出生变动情况以及房屋情况。例“七人普”推广宣传大使钟南山、姚明及多位行业代表以视频形式表达了对本次普查的寄语与祝福。（2020 年 9 月 21 日《北京晚报》）| 要扎实做好“七人普”等重大国情国力调查，夯实统计基层基础，咬定目标不变化，坚定不移构建现代统计调查体系。（2020 年 10 月 24 日《南方日报》）

【企业码】 qǐyèmǎ 名词。企业以二维码为标识的智慧码。也是企业获取一站式快速服务的绿色通道。企业通过企业码可以在线办理多项业务。例今天，由浙江省经信厅等部门及阿里巴巴等企业共同发起建设的浙江省“企业码”平台初步完成系统开发，在湖州市德清县开始试点应用。（2020年4月23日《中国青年报》）｜除了方便办事，“企业码”还有更多值得期待的应用。（2020年4月29日《新民晚报》）

相关词语见“红码”。

【**气球式社交**】 qìqiúshì shèjiāo 易胀易缩、一戳就破的社交行为。例“气球式社交”源于现代人交际的功利性太强，也隐含着现代人的冷漠。（2019年3月29日网易网）｜气球式社交走红：越社交，越孤独！（2019年3月31日搜狐网）

【**前播后产**】 qiánbō hòuchǎn 先网络直播介绍产品，带来购买需求，再根据需求进行生产的产品供应形式。例依托于全市超600家的专业市场，广州成熟的供应链为直播带货提供最直接的“前播后产”便利条件。（2020年6月5日《南方日报》）｜广州有644个专业批发市场，有联通全球220多个国家和地区的贸易网络，为直播带货提供了“前播后产”便利条件。（2020年6月12日《南方日报》）

【**青和力**】 qīnghélì 名词。一座城市吸引年轻人的能力。由城市鲜活指数、城市文化指数、个人成长指数和城市发展指数共同构成。仿“亲和力”造词。例《2019中国青年理想报告》发布，在TOP15城市中，东莞在“青和力”即吸引年轻人的能力的量化评价中，与长沙、天津、西安、郑州等直辖市或省会城市的综合实力相当。（2019年9月17日《南方日报》）｜从省份分布来看，在“青和力”排名前50的城市当中，

广东、江苏和浙江各自贡献7座城市。（2019年9月25日搜狐网）

【全程媒体】 quánchéng méitǐ 利用新技术捕捉和记录新闻事件全过程的一种媒体形态。例这是人民网推进全媒体传播，发展全息媒体、全程媒体的新尝试，展示出人民网推动媒体融合向纵深发展的决心和行动。（2019年4月16日《人民日报》）｜随着全程媒体、全息媒体、全员媒体、全效媒体的快速发展，新闻舆论工作必须把握机遇，深度推动理念更新、技术革新和内容创新。（2019年9月23日《光明日报》）

【全触点零售】 quánchùdiǎn língshòu 指零售业在数字化背景下的升级版流量运营方案。触点是商家、品牌的互动节点，也是卖货场景的延伸和货本身。全触点是随着数字化能力的升级，各个触点配合门店场景，建立属于每个商家、品牌的各式各样触点的运营。例"超级连接"的核心是通过"全触点零售"的新模式帮助零售企业获得实质性增长。（2019年5月24日中国日报网）｜拆解腾讯的"全触点零售"，可以发现，核心是在说"人是新的场"，人将成为重构人、货、场的源动力和核心要素。（2019年5月30日搜狐网）

【全民撑警日】 quánmín chēngjǐngrì 指2019年8月10日这天，市民身穿与警服颜色相近的蓝色衣服，向工作在止暴治乱一线的警员表达慰问和支持。活动由守护香港大联盟发起。例香港爱国爱港人士10日发起"全民撑警日"活动，得到香港广大市民积极响应，同时受到内地同胞热烈声援。（2019年8月12日《光明日报》）｜"全民撑警日""反暴

知识窗 相关词语

力救香港”大集会、出租车司机挂国旗绕行香港……面对一小撮暴徒的破坏行径，“大联盟”一直在汹涌的“乱港”大潮中努力发出自己的声音。(2019 年 9 月 2 日《中国青年报》)

【全民隔离】 quánmín gélí 指新冠肺炎疫情期间，中高风险疫区的所有居民居家隔离，无特殊原因不得外出。例“红区”内，全民隔离，军队防守，违规出行可面临约合人民币 1610 元的罚款至 3 个月监禁。(2020 年 4 月 1 日《中国青年报》)｜这次疫情下，全民隔离，不少人在家办公，明显感受到房间空间不够用。(2020 年 4 月 30 日《南方日报》)

【全息媒体】 quánxī méitǐ 通过物联网、人工智能、云技术等新技术将信息数据化，以图文、视频、音频等多元化形态呈现并实现传播的一种媒体形态。例用户打开人民视频客户端 AR 功能，即可看到图片上叠加的延展性、纵深性信息，赋能传统纸媒，探索了报纸向全息媒体跃升的可能路径。(2019 年 3 月 13 日《人民日报》)｜全息技术支撑下全息媒体融合视频与文本、游戏与学习、触摸手控、H5 富文本等内容，呈现形式愈加多样也更为立体，带来了新闻接收的新体验。(2019 年 10 月 23 日《光明日报》)

【全效媒体】 quánxiào méitǐ 利用大数据实现更精准、更有效的分众化传播的一种媒体形态。例全效媒体则说明今天的传播实现了及时性、透明化、数据化、可验证与可溯及等特征。(2019 年 3 月 18 日《中国青年报》)｜当今时代，舆论传播从传播方式、传播渠道到传播速度都在发生深刻变革，全程媒体、全息媒体、全员媒体、全效媒体让一个全媒体时代加速到来。(2019 年 3 月 26 日《人民日报》)

【全员媒体】 quányuán méitǐ 指社会各种主体都能通过网络进入到社会信息交互过程的一种媒体形态。例“全程媒体、全息媒体、全员媒体、全效媒体”,让一个全媒体时代扑面而来。(2019 年 1 月 29 日《人民日报》)|当前,媒体智能化进入快速发展阶段,出现了全程媒体、全息媒体、全员媒体、全效媒体,信息无处不在、无所不及、无人不用,导致舆论生态、媒体格局、传播方式发生深刻变化。(2019 年 3 月 26 日《人民日报》)

【*劝返】 quànfǎn 动词。劝人返回。新冠肺炎疫情期间特指劝说来访人员原路返回,防止疫情传播扩散。例在榆中县城关镇金家圈村,新时代文明实践站干部金勇岩坚守劝返点,积极宣传疫情防控政策和预防措施。(2020 年 2 月 5 日《中国青年报》)|自新冠肺炎疫情防控工作开展以来,大坪派出所组织警力先后走访群众 1 万多人次,劝返车辆近万台次。(2020 年 4 月 3 日《南方日报》)

【*群体免疫】 qúntǐ miǎnyì 免疫学上指人群或牲畜群体对传染性疾病的抵抗力。现指一些国家的民众被大量感染后获得群体对疾病的抵抗力。由英国政府首席科学顾问帕特里克·瓦兰斯于 2020 年 3 月 13 日针对新冠肺炎疫情首次提出。也叫“集体免疫”。例欧洲一些政治家在毫无科学依据的情况下建议公民不采取预防措施,进行所谓“群体免疫”。(2020 年 4 月 2 日《光明日报》)|在公共卫生史上,通过群体免疫应对新冠肺炎疫情在科学和伦理上都存在问题。(2020 年 10 月 14 日《人民日报》)

【群众自治圈】 qúnzhòng zìzhìquān 为加强基层社会治理

而成立的群众自我管理的群体。目的是激发居民的主人翁意识,解决社区的各种难题,增强群众的幸福感。例大竹县以日常生活为重点,建好便民生活圈;以共建共享为重点,打造群众自治圈。(2019 年 4 月 1 日《经济日报》)| 激发了居民的主人翁意识,搭建起“群众自治圈”“社会共治圈”,让群众事好办、难好解、情更切。(2019 年 11 月 11 日《人民日报》)

R

【人类卫生健康共同体】 rénlèi wèishēng jiànkāng gòngtóngtǐ　全人类在卫生和健康领域结成的有共同利益和需求的共同体。需要全人类有机合作,携手保护人类的生命健康。2020 年 3 月,习近平总书记首次提出。仿“人类命运共同体”造词。例中方愿同法方共同推进疫情防控国际合作,支持联合国及世界卫生组织在完善全球公共卫生治理中发挥核心作用,打造人类卫生健康共同体。(2020 年 4 月 7 日《中国青年报》)| 习近平主席在第 73 届世界卫生大会视频会议开幕式上发表致辞,呼吁各国团结合作战胜疫情,共同构建人类卫生健康共同体。(2020 年 6 月 8 日《人民日报》)

【人体闸机】 réntǐ zhájī　指武警为保证市民安全、控制人流而站成的人墙。例武警战士站成“人体闸机”,来回折返控制交通，没有他们，我们的团圆之旅，怎么会如此安心、舒心？（2019 年 2 月 3 日《人民日报》）｜为防止人流过于集中而导致拥挤，武警官兵站成“人体闸机”，折返，控制人流。（2019 年 2 月 7 日网易网）

【人物并防】 rén-wù bìng fáng 既要防范疫情在人员之间传播，又要对重点场所、重点食品开展新冠病毒核酸常态化监测。例 交通运输部将持续强化“外防输入、内防反弹”和“人物并防”，全力做好冷链物流渠道疫情防控工作。（2020 年 8 月 28 日人民网）｜坚持“人物并防”，落细落实各个防控环节，对接触并处置食材、快递等物品的工作人员，要加强自我防护和消毒管理，防止引毒入院。（2020 年 11 月 7 日人民网）

【熔断指令】 róngduàn zhǐlìng 根据新冠肺炎疫情外防输入的需要，中国民用航空局采取的取消或暂停某些国际航班的指示或命令。“熔断”源自股市里的熔断，当股票指数波动达到某一个点时，交易所为控制风险就暂停交易。例 该航班机票十分紧张，如果触发“熔断指令”将大大影响在埃中国人的回国计划。（2020 年 6 月 27 日《光明日报》）｜6 月 11 日南航 CZ392 孟加拉国达卡至广州航班发现 17 位旅客新冠病毒核酸检测阳性，民航局决定对该航班采取熔断措施，自 6 月 22 日起，暂停该航班该航线运行 4 周，这是民航局开出的第一份“熔断指令”。（2020 年 7 月 2 日《北京晚

报》)

📖 中国民用航空局根据2020年6月4日发布的《民航局关于调整国际客运航班的通知》有关规定,对触发航班熔断条件的航班,执行熔断指令。

【融梗】 rónggěng 名词。指网络文学创作过程中汇集各方创意,在作品人物设定、故事套路等方面借用他人智力成果的行为。梗,来源于"哏",指艺术作品中的笑点、情节、片段以及创意等。例融梗在文字上与原著区别很大,它复制的是创意和智慧,而不是简单的文字。(2019年10月30日《新京报》)|"融梗"究竟是不是抄袭,是否应该受到法律惩戒,网络文学界应该如何应对?这些疑问集中凸显网络文学生产传播过程中有关原创与模仿的界定难题。(2019年12月6日《人民日报》)

【融媒辞书】 róngméi císhū 以用户需求为导向,采用媒体融合理念和技术而形成的新形态辞书。核心内容是多模态文本,具有便携性、智能性、碎片化、服务友好和互动性等特征。例它的APP版的发布也是商务印书馆推动辞书的媒体融合、融媒辞书的编纂的重要尝试。(2019年8月23日《北京青年报》)|中国辞书学会2001年便成立了辞书编纂现代化技术专业委员会,着力推进传统辞书向融媒辞书方向发展。(2019年9月16日《光明日报》)

【融媒云厨】 róngméi yúnchú 在内容采集环节融入"云采访""云拍摄"等方式的融媒体平台。因融媒体平台的内容采集、制作和分发机制通常被喻为"中央厨房",故称。例面对新情况、新变化,中国青年报社守正创新、顺势而为,发挥"融

媒云厨”优势，创制更多融媒精品，传递青年声音。（2020 年 5 月 21 日《中国青年报》）| 正式融合后的《中国青年报》、中国青年网、中青在线将继续以新媒体为主战场，依托“融媒云厨”，创新融合报道。（2020 年 5 月 21 日《中国青年报》）

【融湾】 róngwān 名词。指粤港澳大湾区周边地区融入粤港澳大湾区的建设和发展。例 随着大湾区从传统制造向智能制造转型，为清远包括连州的产业“融湾”创造了更多机遇。（2019 年 1 月 16 日《南方日报》）| 在县委、县政府的高度重视和精密部署下，河头镇坚持宣传先行，筑牢秋冬森林防灭火的第一道防线，为该镇的融湾发展之路提供绿水青山资源保障。（2019 年 12 月 26 日《南方日报》）

S

【SARS-CoV-2】 “2019 新型冠状病毒”的英文缩写。原文为 Severe Acute Respiratory Syndrome Coronavirus 2。例 国际病毒分类学委员会把新冠病毒命名为 SARS-CoV-2，这与 2003 年发生严重急性呼吸综合征（SARS）的病毒 SARS-CoV，和 2012—2015 年引发的中东呼吸综合征（MERS）的病毒 MERS-CoV 的命名比较一致，具有连贯性和统一性。中国则把这一疾病称为新冠肺炎。（2020 年 3 月 16 日《北京青年报》）| 清华大学日前宣布，该校研究团队近日研发出一体化自助式 SARS-CoV-2 核酸检测卡盒，

知识窗

相关词语

30 分钟内即可实现“样本入、结果出”。（2020 年 5 月 27 日《北京晚报》）

【4D 处方】 4D chǔfāng　智能放疗平台为患者提供的放射治疗的解决方案。该平台将核磁共振（MR）、CT、PET 多模态影像自动融合，能若影随形地捕捉肿瘤的动态变化，包括位置、大小、形状等，因其所提供的治疗方案中加入了时间的概念（即 4D），故称。例 抗癌新药、针对新生儿的血液透析系统、放疗系统“4D 处方”……一大波“健康尖货”将亮相第二届中国国际进口博览会。（2019 年 10 月 28 日新华网）｜瓦里安参展的 Ethos 智慧放疗平台，能够精准地捕捉肿瘤的动态变化，将自适应时间压缩到短短的 15 分钟，每一次放疗都为患者开出个性化“4D 处方”，尽可能减少副作用。（2019 年 11 月 8 日《光明日报》）

【赛事泡泡】 sàishì pàopao　指比赛开始前，根据当地的防疫安排，所有参赛选手、教练及相关工作人员统一进行一段时间的隔离，待全体人员相关检测合格后开始比赛。该词由国际乒联提出，源于英文 competition bubble，故称。例 声明还说，国际乒联将应对不断变化的国际旅行限制，尝试在 2020 年剩余时间里，以“赛事泡泡”的形式创造受保护的安全环境举办赛事或举办区域性赛事。（2020 年 7 月 11 日搜狐网）｜由于按原计划举办国际性赛事的可能性不断降低，国际乒联将尝试在 2020 年剩余的时间里，以“赛事泡泡”的形式举办区域性比赛。（2020 年 7 月 12 日《新京报》）

【三色码】 sānsèmǎ　名词。健康码的别称。因健康码由绿色、黄色和红色三种颜色的二维码构成，故称。绿码指低风险人员，可凭码通行；黄码指中风险人员，需要居家隔离，健康打卡 7 天；红码指高风险人员，确诊病例、疑似病例、无症状感染者和治愈出院隔离未满 14 天的确诊病人，需要居家或集中隔离，健康打卡 14 天。例 健康码实施三色码动态管理，显示绿码者，亮码通行；显示红码者和黄码者，需要自我隔离并健康打卡。（2020 年 2 月 22 日《北京青年报》）｜通过支付宝、微信填写相关个人信息，经由大数据分析，生成红黄绿的三色码。（2020 年 2 月 26 日《人民日报》）

 相关词语见“红码”。

【三条控制线】 sān tiáo kòngzhìxiàn 指生态保护红线、永久基本农田控制线和城镇开发边界控制线。2019 年 11 月，中共中央办公厅、国务院办公厅印发的《关于在国土空间规划中统筹划定落实三条控制线的指导意见》提出。例 推进“多规合一”，划定并严守生态保护红线、永久基本农田、城镇开发边界三条控制线，研究建立雄安新区空间规划体系，强化国土空间规划对各专项规划的指导约束作用。（2019 年 1 月 25 日《新京报》）｜按照统一底图、统一标准、统一规划、统一平台要求，科学划定落实三条控制线，做到不交叉不重叠不冲突。（2019 年 11 月 2 日《人民日报》）

【三新】 sānxīn “新发展阶段、新发展理念、新发展格局”的合称。例 党的十九届五中全会擘画了中国未来发展的“三新”蓝图，即贯彻新发展理念、构建新发展格局、进入发展新阶段。（2020 年 11 月 16 日《南方日报》）｜在党的十九届五中全会，中央提出的“十四五”规划建议稿和 2035 年的远景目标，很清晰地给未来发展指明了方向，这可以用“三新”高

知识窗 相关词语

度概括。(2020 年 12 月 22 日《南方日报》)

【伞网】 sǎnwǎng 名词。黑恶势力的保护伞和保护网。例全省各级纪检监察机关狠抓“大排查”“大深挖”“大复核”,严防“漏网之鱼”,让“伞网”无处遁形。(2019 年 5 月 7 日中安在线)|安徽省纪委监委共查处涉黑涉恶腐败和“伞网”问题 1205 件 1436 人;已给予党纪政务处分 1033 人,移送检察机关 182 人。(2019 年 11 月 15 日《北京晚报》)

【伞网清除】 sǎnwǎng qīngchú 打掉涉黑、涉恶等黑恶势力的保护伞和保护网。例线索清仓、逃犯清零、案件清结、伞网清除、黑财清底、行业清源“六清”行动成了扫黑除恶专项斗争收官之战的主攻目标。(2020 年 9 月 25 日《北京青年报》)|迈入扫黑除恶专项斗争收官之年的最后一个季度,江门在推进“案件清结”“线索清仓”“逃犯清零”“伞网清除”“黑财清底”“行业清源”的基础上,推动专项工作走向常态化、制度化。(2020 年 10 月 20 日《南方日报》)

【杀雏】 shāchú 动词。指网络直播营销商家利用刷单、炒作等流量造假方式欺骗、误导新入直播间的消费者。因用雏鸟比喻不了解直播间营销实情的消费者中的新手,没有经验,故称。例产品质量货不对板,平台主播兜售“三无”产品、假冒伪劣商品等;刷粉丝数据、销售量刷单造假“杀雏”。(2020 年 6 月 30 日《北京晚报》)|29 日,中消协也指出,在今年“618”电商购物节中,直播带货行业存在产品质量货不对板,平台主播向网民兜售“三无”产品、假冒伪劣商品等,直播刷粉丝数据、销售量刷单造假“杀雏”等情况。(2020 年 6 月 30 日新浪网)

【杀猪盘】 shāzhūpán 名词。一种网络诈骗方式。诈骗分子以恋爱交友为手段获取被害人信任,将其拉入博彩理财等骗局,骗取受害人钱财。这种诈骗方式的特点是放长线,整个过程好像是把猪养肥后再宰杀,故称。例“杀猪盘”诈骗是最近曝光较多的诈骗类型之一,主要是指通过婚恋平台、社交软件等方式寻找潜在受害者,通过聊天发展感情取得信任,然后将受害者引入博彩、理财等诈骗平台。(2019年7月11日《新京报》)|一方面我们要经常提醒群众提高警惕,不要因为贪小便宜而成为“杀猪盘”的猎物;另一方面我们提醒想要试图犯罪的人,只要从事违法犯罪活动,都会受到法律的惩罚。(2019年11月7日《北京青年报》)

【山竹男】 shānzhú nán 名词。网络用语。指外表冷硬,而内心美好纯洁的男性。因山竹外皮黑硬而果肉甜白,故称。例假如男生是一种水果,槟榔男被嫌弃,最后却爱上丑橘男和山竹男!(2019年4月20日腾讯网)|最近有“甘蔗男”“榴莲男”“山竹男”……都是用来形容一些男生的,那么你们知道什么是“蚯蚓男”吗?(2019年4月23日网易网)

相关词语见“丑橘男”。

【上合家园】 Shànghé jiāyuán 上海合作组织成员国深化合作,互联互通,共同繁荣而构成的命运共同体。例中方希望以上合组织为平台,与各国共同推动“一带一路”建设,促进各国发展战略对接,打造共同繁荣的“上合家园”。(2019年10月29日《人民日报》)|应进一步加强设施、贸易、资金、人文、数字、能源等领域互联互通,继续朝着上合组织命运共同体的方向前进,打造共同繁荣的“上合家园”。(2019

年 11 月 4 日《经济日报》)

【上价值】 shàng jiàzhí 指给某些事物或活动赋予一定的价值。例讲到升华的内容,从央视新闻评论节目里走出来的朱广权当然善于总结提炼和“上价值”。(2020 年 4 月 7 日腾讯网)|抖音在成为日活 6 亿的产品之后,跟人们的生活密切相关,已经开始主动给自己上价值了。(2020 年 9 月 16 日新浪网)

【*上头】 shàngtóu 动词。原指饮酒微醉时头昏沉沉的感受。现指因某人或某事过度兴奋而无法停止下来。例这道溜黄青蟹在白灼明虾片后上场……尤其是这个混杂了蟹味的咖喱汁,即便是单吃,也是好吃得令人“上头”。(2019 年 10 月 4 日《新民晚报》)

【社会共治圈】 shèhuì gòngzhìquān 由各个方面参与,为共同治理社会问题而形成的群体。例围绕基层党组织构建“群众自治圈”“社会共治圈”“网格服务圈”“平安共享圈”,充分发挥政治、自治、法治、德治、智治“五治”融合作用,着力推进基层社会治理现代化。(2019 年 1 月 18 日《经济日报》)

【社会性死亡】 shèhuìxìng sǐwáng 指个体遭遇网络暴力和网络围观后,陷入声誉扫地的困境。也称“社死”。例 9 月 4 日,罗冠军高调发布“自白”,全面否认了梁颖的指控,并表示自己已经因为对方的诬告“社会性死亡”。(2020 年 9 月 11 日《中国青年报》)|麦家的《人生海海》,说的是一位军人,因为被诬告强奸,导致“社会性死亡”,最终疯了的故事。(2020 年 9 月 21 日《新京报》)

【*社交距离】 shèjiāo jùlí 心理学术语。指人与人在交际往来时双方在空间上所处位置的距离。2020年新冠肺炎疫情以来,规定人与人之间进行社交活动时至少保持一米的距离,避免拥抱、握手等亲密行为。又称"安全距离"。[例]应该遵守当地防疫法规和相关措施,尽可能地采取有效的个人防护,保持社交距离、勤洗手、戴口罩,最好居家不出门,降低感染的风险。(2020年3月23日《经济日报》)

【社交疏远】 shèjiāo shūyuǎn 指新冠肺炎疫情期间为遏制新冠病毒传播所采取的措施,主要指人与人在交往时保持一定的物理距离并减少社交互动。[例]近来,英国推行"社交疏远"政策应对疫情,越来越多英国民众选择在网上订购食品。(2020年4月21日《人民日报》)|在疫情之下,社交疏远成为一种阻断病毒传播的有效方式。(2020年7月31日《中国青年报》)

【涉煤腐败】 shèméi fǔbài 指煤炭资源领域的贪赃枉法问题。[例]在过去的1个月中,中国北疆内蒙古自治区刮起一场风暴。这场风暴的关键词是,倒查20年内涉煤腐败问题。(2020年3月28日中国新闻网)|被外界称之为"煤炭大省(区)"的内蒙古自治区,在官方持续近9个月倒查20年的涉煤腐败问题上,截至10月26日,共有534名官员"倒"在"煤炭领域"中。(2020年11月24日搜狐网)

【涉疫】 shèyì 形容词。涉及疫情的,特指新冠肺炎疫情期间与疫情有关的。[例]疫情时期政府应依法公开哪些信息?如何处理涉疫个人信息保护和公众健康权、知情权之间的平衡?(2020年2月7日《中国青年报》)|虽然国家三令五申,对涉疫防护物资违法犯罪"零容忍",但仍有人铤而走险。

(2020 年 6 月 2 日《中国青年报》)

【深改 12 条】 shēngǎi 12tiáo　指 2019 年 9 月 10 日，证监会在“全面深化资本市场改革工作座谈会”上提出的当前及今后一个时期全面深化资本市场改革的 12 项重点任务。这 12 项任务分别是：充分发挥科创板的试验田作用；大力推动上市公司提高质量；补齐多层次资本市场体系的短板；狠抓中介机构能力建设；加快推进资本市场高水平开放；推动更多中长期资金入市；切实化解股票质押、债券违约、私募基金等重点领域风险；进一步加大法治供给；加强投资者保护；提升稽查执法效能；大力推进简政放权；加快提升科技监管能力。[例]证监会明确“深改 12 条”着力推进关键制度创新(2019 年 9 月 14 日《新民晚报》)｜不久前，证监会提出“深改 12 条”，其中提出“丰富期货期权产品”。(2019 年 11 月 26 日《经济日报》)

【*神兽】 shénshòu　名词。原指中国古代神话中的生物。现用作家长对学龄孩子的昵称。[例]这两天的火山、抖音视频，很多关于家中神兽要开学的视频。视频里，孩子在前面背着书包或拉着行李箱往学校走，而后面的家长搞怪地开心。(2019 年 8 月 29 日百家号)｜这些个学生在家简直就是神兽，可到了学校就不一样了，马上变成乖乖兽。(2019 年 10 月 21 日腾讯网)

【神兽回笼】 shénshòu huílóng　指放假的孩子回到学校。[例]当日，在广州市天河区华美英语实验学校幼儿园门口，老师们拿着“神兽回笼啦”“美味可口的饭菜”“等你来品尝”等手绘卡片，迎接孩子们的到来。(2020 年 6 月 3 日《南方都市报》)｜下班回家,妻子和我说:“你闺女下午给我打电话,说她要返校了,问我是不是不舍得。我说舍得啊,神兽回笼,我太高兴了！你闺女生气了,说为什么爸爸不舍得,你舍得？你是亲妈吗？”(2020年8月26日《北京晚报》)

【神仙打架】 shénxiān dǎjià　网络用语。指优秀的、高水平的人或物之间的竞争。例今年大年初一的影院片单则被网友们戏称“神仙打架”,不仅是因为影片本身的题材和质量颇为亮眼,一众风格各异、口碑非凡的电影人于台前幕后集中竞技,也成为令观众们热血期待的重要原因。(2019年1月27日《经济日报》)｜复试要求公布后,部分热门高校专业分数线较去年上涨40分。难怪网友调侃今年考研仿佛“神仙打架”,考研竞争激烈程度可见一斑。(2019年4月1日《中国青年报》)

【生命摆渡人】 shēngmìng bǎidùrén　指奔波在医院与医院之间或留观点与医院之间,直接面对疑似或确诊患者的疫情防控一线人员。例武汉35岁的快递小哥汪勇,在疫情初期,搭建起医护人员后勤保障线,被誉为“生命摆渡人”。(2020年4月30日《北京青年报》)｜志愿车队不断壮大,大家日夜兼程,争当“生命摆渡人”,在抗击疫情期间共接送医护人员7000余人次。(2020年9月21日《人民日报》)

【剩菜指数】 shèngcài zhǐshù　指餐余、厨余、非食材垃圾的重量在整个菜品重量中所占的比例。例广东省餐饮服务行业协会秘书长程钢也指出,餐企通过周期性统计消费“剩菜指数”评估体系,阶段性优化菜单结构,淘汰剩菜指数较高的菜品,可达到节约粮食、节约成本的效应。(2020年8月14

日《南方日报》）| 通过实施"剩菜指数"措施，恩平供电局逐步实现精准供餐，将节约理念纳入食堂食材采购、加工及服务全过程，采用科学健康的营养配餐和取食办法，减少餐饮浪费。（2020年10月12日《江门日报》）

【师傅贷】 shīfudài 名词。一款专门为培养客家菜厨师、打造农家乐旅游项目而推出的信贷产品。因其贷款对象主要是持有中式烹调师职业资格证书的师傅，故称。例"柚农宝"贷款、"师傅贷"等独特的金融产品，均为金融机构根据实地走访情况量身推出的。（2019年5月15日《南方周末》）|"师傅贷"是为培养客家菜厨师、打造农家乐旅游项目专门推出的一款信贷产品。（2019年9月6日《人民日报》）

次贷 裸贷 小微贷 校园贷 隐贷族 次贷危机 次级房贷

【十八线主播】 shíbāxiàn zhǔbō ❶指知名度极低的网络主播。一般认为三线已经是公众人物知名度的底线，十八线是极其夸张的说法。例 12位专业主播和近百位来自品牌专柜的"十八线主播"，更将在线上带货，做大疫情下的"离店销售"。（2020年3月6日《新民晚报》）❷知名度极低的网上授课教师。多用于自我调侃。例 网上关于老师化身"十八线主播"，直播误开"超级美颜"的视频、段子，已经透露出全新的授课模式对师生的"考验"。（2020年3月2日《中国青年报》）

【拾尚包】 shíshàngbāo 名词。一款印有二维码的垃圾回收袋。二维码相当于每个回收袋的身份证，可以提供可回收垃圾的详细分类、数量和金额等信息，让每次回收都可以溯源，每次分类投递都有反馈。"拾尚"谐音"时尚"，旨在倡导新的垃圾回收模式，故称。例“拾尚包”是以袋子为载体的一套全面、系统的可回收物交投体系。用户支付50元服务费即成为拾尚包永久会员。（2019年4月5日《新民晚报》）｜每层楼消防通道处，原有的垃圾桶已改造成四分类桶。办公室里，一个白色的“拾尚包”里装着纸张纸盒塑料瓶等可回收物。（2019年7月21日《新民晚报》）

【视觉中国们】 Shìjuézhōngguó men 泛指商业模式违法违规的图片公司。2019年4月11日上午，视觉中国公司在其网站上放上了打上“视觉中国”标签的黑洞照片而引发争议，随后被天津市网信办依法约谈并责令其立即停止违法违规行为，全面彻底整改，故称。例将不在保护之列或不为己有的作品“盖戳叫卖”，视觉中国们不仅是“吃相不雅”，其行为已明显越过了法律边界。（2019年4月12日《新京报》）｜健康良性的版权市场必然是激励原创者创作热情的市场，必然是不给视觉中国们任何生存机会的市场。（2019年4月14日《北京青年报》）

📖 2019年4月10日，“事件视界望远镜”项目（EHT）发布了他们第一次拍到的黑洞照片。2019年4月11日上午，视觉中国网站上出现了这张黑洞照片，并打上了“视觉中国”标签。图片旁边的基本信息栏注明“此图为编辑图片，如用于商业用途，请致电或咨询客户代表”。这意味着视觉中国公司拥有这张黑洞照片的版权。而黑洞图片的原版权方欧洲南方天文台介绍，使用其网站上的图片、文字等，没有特别说明的话，一般都遵循相应的授权协议，清晰署名即无需付费使用。视觉中国的行为不仅引发了网友的声讨，还受到了相关部门的约谈和行政处罚。

【收缩型城市】　shōusuōxíng chéngshì　人口不断流失且连续自然年人口负增长的城市。例 4月8日，在国家发改委发布的《2019年新型城镇化建设重点任务》中，首次提到了"收缩型城市"。该文件指出，收缩型中小城市要瘦身强体，转变惯性的增量规划思维，严控增量、盘活存量，引导人口和公共资源向城区集中。（2019年4月10日《新京报》）｜有些城市的就业前景、基础设施、公共服务、自然环境相对较好，城市的集聚效应就会显现；有些城市在这些方面相对较差，流出的人口就会多一些，成为"收缩型城市"。（2019年5月31日《经济日报》）

【守群人】　shǒuqúnrén　名词。指在后勤微信群中，为武汉抗疫一线的医务工作者提供后勤保障、解决问题的志愿者。例 作为守群人，河南省各级团干部在群里及时搜集登记医护人员需求，并根据各类实际需求，开展"1＋X"志愿服务，确保精准对接、精准服务。（2020年3月5日《中国青年报》）｜团省委和广东驰援湖北的各个医疗队组建了62个微信对接群，还搭建了"守群人"志愿团队，"秒回"前方医疗队需求。（2020年3月6日《南方日报》）

【首站赋码】　shǒuzhàn fùmǎ　新冠肺炎疫情期间，进口冷链食品需在当地首家生产经营单位上传相关产品品种、规格、批次、产地、检验检疫、核酸检测、预防性消毒等追溯数据，并按批次赋予相关产品电子追溯码。"首站"指从国外直接进口或跨省跨地区采购的进口冷链食品进入当地的第一家生产经营单位。例 "北京冷链"通过实施"首站赋码、进出扫码、一码到底、扫码查询”的管理模式，对进口冷藏冷冻肉类、水产品在京流通开展追溯管理，力求做到“来源可追，去向可查”。（2020 年 10 月 27 日《中国青年报》）

相关词语见“红码”。

【数字化管理师】 shùzìhuà guǎnlǐshī 利用数字化办公软件平台，使企业组织在线、沟通在线、协同在线、业务在线、生态在线，实现企业经营管理在线化、数字化的人员。2019 年 4 月 1 日，人力资源社会保障部、市场监管总局、统计局正式发布，数字化管理师是 13 个新职业之一。例 眼下，一个名为“数字化管理师”的新职业正悄然走俏，并成为 2019 年新的就业趋势。（2019 年 5 月 2 日《光明日报》）｜全国数字化管理师已超过 100 万！自 4 月被纳入国家职业大典，短短 3 个月内，这个中国首创的新职业从业人员增长超 30 万，且仍在快速增长中。（2019 年 6 月 21 日《人民日报》）

【数字抗疫】 shùzì kàngyì 指利用 5G、人工智能、大数据等数字化技术抗击新冠肺炎疫情。也叫“数字战疫”。例 这是“数字抗疫”的一个片段，也是在线医疗新业态快速发展的一个缩影。（2020 年 9 月 24 日《光明日报》）｜展览会设置数字抗疫、数字福建、数字经济、数字社会、特色主题七大板块，全面展示我国经济社会各领域数字化、网络化、智能化发展成果。（2020 年 10 月 15 日《人民日报》）

数字云 数字货币 数字经济 *数字战疫 *数字治城 *数字治疫 *数字人民币 *数字新基建 数字基尼系数 *数字化管理师

【数字人民币】 shùzì rénmínbì 中国人民银行发行的法定数字货币，与纸币和硬币的价值相同。例 数字人民币将成

知识窗 相关词语

为电子化支付的重要补充，而不寻求替代哪一类支付方式。(2020年10月21日《北京晚报》)｜首次亮相的数字人民币，面值为200元，设计上与纸钞相似，上方左右两处印有“国徽”和“中国人民银行”的图样。(2020年10月27日《中国青年报》)

📖 2020年8月14日，商务部印发《全面深化服务贸易创新发展试点总体方案》，提出“在京津冀、长三角、粤港澳大湾区及中西部具备条件的试点地区开展数字人民币试点”。法定数字货币的研发和应用，有利于满足公众在数字经济条件下对法定货币的需求，从而提高零售支付的便捷性、安全性和防伪性。

相关词语见“数字抗疫”。

【数字新基建】 shùzì xīnjījiàn 信息数字化的基础设施建设。是以5G、AI、工业物联网和智慧城市等为核心的新型基建。区别于铁路、公路、轨道交通等传统基建。[例]芯片则是数字新基建的关键核心和底座，对数字新基建的发展至关重要。(2020年5月26日《北京晚报》)｜国家电网公司将以电为中心延伸价值链，加快能源大数据中心、能源区块链、智慧能源等数字新基建发展。(2020年10月10日《经济日报》)

相关词语见“数字抗疫”。

【数字战疫】 shùzì zhànyì 见“数字抗疫”。[例]在统筹推进疫情防控和经济社会发展过程中，浙江通过数字战疫，用活了人、盘活了城，既有效防控了疫情又加快了复工复产的步伐。(2020年5月11日《光明日报》)

相关词语见“数字抗疫”。

【**数字治城**】　shùzì zhìchéng　运用大数据、云计算、区块链、人工智能等数字化技术推动城市化管理手段、管理模式和管理理念创新。例 杭州通过大数据、云计算、人工智能等手段推进数字与治理融合创新，拓展出了“数字治堵”“数字治城”“数字治疫”等领域合计 48 个应用场景。（2020 年 6 月 24 日《光明日报》）｜杭州在全国率先建设城市大脑，实现了由数字治堵的局部探索向数字治城的重大跨越。（2020 年 9 月 2 日《经济日报》）

相关词语见“数字抗疫”。

【**数字治疫**】　shùzì zhìyì　通过数字化技术手段治理新冠肺炎疫情。例 面对新冠肺炎疫情，城市大脑迅速转战“数字治疫”，首创的三色健康码、企业复工复产数字平台、政商“亲清在线”平台等，都以数字化赋能疫情防控和复工复产。（2020 年 6 月 17 日《人民日报》）｜杭州在全国率先建设城市大脑，实现了由数字治堵的局部探索向数字治城的重大跨越，并在数字治疫上取得明显成效。（2020 年 9 月 2 日《经济日报》）

相关词语见“数字抗疫”。

【**双飞地**】　shuāngfēidì　名词。一种引进来和走出去并行发展的模式。把一个城市或地区作为引入新兴产业的飞入地，又作为输出本地区优质产品的飞出地。例 推进政务服务“一事通办”改革，打造 24 小时“不打烊”的网上政府，破解营商环境突出问题，以高效服务、优质环境加快“双飞地”经

济发展。(2019 年 3 月 8 日《人民日报》)| 探索“双飞地”经济模式,培育新兴产业,加快传统产业转型升级,补齐产业短板。(2019 年 11 月 20 日《经济日报》)

【双十一守岁】 shuāngshíyī shǒusuì 网络用语。指人们在双十一(11 月 11 日)到来那天一直不睡,等待零点时在网络上抢购商品。因类似除夕守岁,故称。例“双十一守岁”指的是双十一到来时,广大网友熬夜等待零点抢购商品的守夜行为,就像我们过年时守岁一样。(2019 年 12 月 24 日《今晚报》)|“双十一守岁”的现象,说明如今的网购越来越火热,但是其中也有很多不理智消费的行为,大家还是应该理性购物,量力而行。(2019 年 12 月 24 日《今晚报》)

【双循环】 shuāngxúnhuán 名词。指经济发展以国内经济循环为主体,充分利用国内国外两个市场、两种优势,实现国内国际经济循环相互促进的发展格局。党的十九届五中全会通过《中共中央关于制定国民经济和社会发展第十四个五年规划和二〇三五年远景目标的建议》,将“加快构建以国内大循环为主体、国内国际双循环相互促进的新发展格局”纳入其中。例会议指出,要深化供给侧结构性改革,充分发挥我国超大规模市场优势和内需潜力,构建国内国际双循环相互促进的新发展格局。(2020 年 5 月 15 日《人民日报》)|“双循环”战略有利于我们掌握国际分工主动权,保障我国经济体系安全稳定运行,是有效应对日益复杂的国际大环境、保障我国经济实现高质量发展的大战略。(2020 年 7 月 9 日《光明日报》)

📖 2020 年 5 月 14 日,中央首次提出“构建国内国际双循环相互促进的新发展格局”。5月下旬“两会”期间，习近平总书记再次强调，要“逐步形成以国内大循环为主体、国内国际双循环相互促进的新发展格局”。

【私域流量】 sīyù liúliàng 指完全受所有者支配的、一定边界范围内的、可直接触达的流量。例 此次疫情让“私域流量”概念再度被提起。相比过去以平台吸引消费者的“公域流量”，“私域”是原本在线下就是目标客户的人群，通过互联网营销之后，在线上继续成为目标客户。（2020年3月20日《新民晚报》）｜经过长期调研，吴仁游带领公司设计出“店播”系统，根据实体店与商业综合体特点，为商家打造专属的直播小程序，店家通过微信、朋友圈等社群平台进行推广、分销，激活门店私域流量，拓展潜在消费人群。（2020年8月25日《中国青年报》）

【丝路签证】 sīlù qiānzhèng 中亚各国联合推出的一项签证项目，即任何一个成员国签发的签证，在其他成员国也被视作有效，而无须另外申请签证。因主要在丝绸之路沿线国家推行，故称。仿“申根签证”造词。例 未来，申请“丝路签证”的难度有多大，持有该签证的游客能够在相关国家停留多少天，是否能够实现自由行都仍待协调。（2019年1月21日《人民日报》）｜乌正与哈萨克斯坦商讨共推“丝路签证”，希望打造中亚版“申根签证”。（2019年2月1日《经济日报》）

【四全媒体】 sìquán méitǐ “全程媒体、全息媒体、全员媒体、全效媒体”的合称。例 5G第一次在技术和终端上，让全程媒体、全息媒体、全员媒体、全效媒体“四全媒体”的实现有

了可能性。(2019年11月22日《光明日报》)

【苏康码】 sūkāngmǎ　名词。江苏省健康码的名称。例上海"随申码",浙江"健康码",江苏"苏康码",安徽"安康码"……目前,长三角已在全国率先实现了健康码全覆盖。(2020年6月3日《光明日报》)｜从下车到入场,球迷还要通过多个检查关卡:身份核对、再次检查苏康码与行动轨迹、测温,之后才可进入看台。(2020年8月26日《新京报》)

相关词语见"红码"。

【随申办】 suíshēnbàn　名词。全称是"随申办市民云",谐音"随身办"。是上海市政府推出的面向企业和群众的政府服务移动端应用程序。指用户通过手机就能随时随地办理政务服务。例今年2月份,"随申办"成为全国首个突破千万用户的政府服务移动平台。(2019年4月11日《经济日报》)｜通过"随申办"APP电子亮证模块出示电子身份证或电子营业执照,窗口工作人员即可调取申请人名下其他相关电子证照作为办事材料,避免申请人因忘带材料而"往返跑"。(2019年9月27日《新民晚报》)

"随申办"是上海市"一网通办"的重要组成部分。该APP集成事项办理、电子亮证、在线预约、指南查询、智能客服等服务功能,汇聚多项档案信息,涵盖多个主题办事领域,对企业和群众的所有线上线下服务事项,做到一网受理、只跑一次、一次办成。

【随申码】 suíshēnmǎ　名词。上海市健康码的名称。例以上海的"随申码"为例,其依托上海大数据平台,汇聚了卫健、公安、交通等部门的数据以及电信、航空、铁路等行业数据,通过数据建模、分析评估测算出不同的风险状态。(2020 年 3 月 5 日《光明日报》)｜比如健康码的互认，上海是随申码，江苏是苏康码，浙江叫健康码，安徽叫安康码。但通过后台数据交换体系，就可以实现一枚绿码通行长三角，真的是非常高效。(2020 年 8 月 23 日《新民晚报》)

相关词语见“红码”。

【锁场】　suǒchǎng　动词。❶指电影公司为了避免电影因票房惨淡而被电影院线下线、换片而购买电影票，锁定电影场次，用低成本创造高票房纪录的行为。例 当价格一样，竞争回归内容为上后，电影人自然就不用再费尽心思去讨好第三方，甚至做保底发行承诺了，也不用发动小鲜肉的粉丝去“锁场”。(2019 年 1 月 11 日新浪网) ❷指粉丝为了避免电影因票房惨淡而被电影院线下线、换片而购买电影票的行为。例 为了宣传造势，一部影视作品甚至要拿出上百万元购买流量；某片被粉丝锁场的场次高达数万场，使同期上映的其他影片排片受到影响，也令相关影院蒙受巨大经济损失。(2019 年 1 月 5 日《光明日报》)

T

【太空军】　tàikōngjūn　名词。在太空作战的军队。通常由航天发射部队、航天测量跟踪管理部队、防天监视作战部队和军事航天员部队组成。例 正如《费加罗报》等多家法国媒体报道称，法国之所以提出成立太空司令部，是因为美国在今年2月提出要求美国国防部组建美军第六个军种——太空军。（2019年8月15日《中国青年报》）

📖 2019年12月20日，时任美国总统特朗普签署《2020财年国防授权法案》，将太空定义为作战领域，批准设立美国第六军种太空军。

【碳达峰】 tàndáfēng　名词。指二氧化碳排放达到峰值的状态。在第七十五届联合国大会一般性辩论上，习近平主席宣告，中国二氧化碳排放力争于2030年前达到峰值，努力争取2060年前实现碳中和。例 欧美发达国家从碳达峰到碳中和的时间跨度长达60年以上，我国从碳达峰走向碳中和的时间只有短短30年，这就需要我们碳减排的速度和力度都要远大于发达国家。（2020年12月9日《人民日报》）｜碳达峰、碳中和工作首次被列入中央经济工作会议。会议要求，我国二氧化碳排放力争2030年前达到峰值，力争2060年前实现碳中和。（2020年12月21日《新京报》）

【逃避式考研】 táobìshì kǎoyán　指大学生本科毕业后因找不到理想的工作或不愿找工作而选择考研。例 近年来，考研的人在不断增多。其中，有相当一部分人是出于延缓就业而考研，这种行为被称为“逃避式考研”。（2019年8月29日《中国青年报》）

【套路跑】 tàolùpǎo　不法商家设置虚假消费套路，圈钱后关门走人的欺诈行为。例 日前，本报和其他媒体揭露了“套路跑”的真相——有一拨人专以经营不太稳定的教育培训机构为目标，以收购股权的名义，将教育培训机构弄到手后一方面赚取账面资金，另一方面在“零投入”的情况下继续销售课程，迅速“榨干”剩余价值，直至被租赁处的物业断水断电锁门。（2019 年 10 月 14 日《新民晚报》）｜“套路跑”绝非普通民事纠纷那么简单。如商家存在欺诈行为的，应承担退一赔三的责任，信用卡持卡人恶意透支的，可能构成犯罪。（2019 年 11 月 30 日《北京青年报》）

【腾讯会议】 téngxùn huìyì 指腾讯公司开发的一款互联网视频会议产品。于 2019 年 12 月底上线，可供多人同时远程在线开会，新冠肺炎疫情期间广泛使用。例 2019 年 12 月底，支持多人远程开会的腾讯会议上线，推出两个月内，日活账户数即超过 1000 万。（2020 年 4 月 10 日《中国青年报》）｜腾讯会议的日活跃账户数已超 1000 万，成为疫情防控期间国人最多使用的视频会议产品，帮助数十家海外驻华机构进行远程协作。（2020 年 5 月 10 日《人民日报》）

【提质聚力】 tízhì jùlì 指基层党建的提质增效，凝心聚力。例按照全领域、全要素、全流程的思路，完善工作布局，谋划实招、硬招，从政治建设、组织体系、干部队伍、党员队伍、党建引领基层治理、基础保障等六个方面，推进基层党建“提质聚力”。（2019 年 9 月 20 日搜狐网）｜兰州在主题教育中推进基层党建“提质聚力”（2019 年 11 月 4 日人民网）

【体外膜肺氧合】 tǐwài mófèi yǎnghé 一种医疗技术。通过人工心脏和人工肺为重症心脏功能衰竭患者持续提供体

外呼吸与循环，以维持患者生命。也称“体外膜肺氧合机”“体外膜肺”“人工肺”“ECMO”。例那位吐出粉色泡沫痰的胡姓患者经过体外膜肺氧合（ECMO）治疗，重获健康。（2020 年 2 月 14 日《中国青年报》）| 4 月 5 日，一名 90%以上肺功能丧失、依靠体外膜肺氧合（ECMO）支持了 40 天的新冠肺炎患者在武汉市肺科医院成功脱离体外膜肺氧合，实现自主呼吸。（2020 年 4 月 6 日《人民日报》）

【天河基地】 Tiānhé jīdì 嫦娥四号在月球背面的着陆点。英文为 Statio Tianhe。天河，源于中国古代对银河的称谓，在中文中又可隐喻“开创天之先河”，与嫦娥四号开创了人类月球探测历史上的先河相契合。另外，根据国际天文学联合会（IAU）的命名惯例，着陆点名称前面需加一个拉丁词语 Statio，这一词语的英文意思为“基地”，故称。例根据 IAU 的命名惯例，着陆点名称之前需加一个拉丁词语Statio（意为基地），因此嫦娥四号着陆点的名称被命名为天河基地（Statio Tianhe）。（2019 年 2 月 16 日《光明日报》）| 经国际天文学联合会（IAU）批准，嫦娥四号着陆点命名为天河基地；着陆点周围呈三角形排列的 3 个环形坑，分别命名为织女、河鼓和天津；着陆点所在的冯·卡门坑内的中央峰命名为泰山。（2019 年 2 月 18 日《中国青年报》）

【天琴二代】 tiānqín èrdài 全球首款全面支持北斗三号的高精度基带芯片。基带芯片主要用来完成通信终端的信息处理任务。例今年 5 月，支持北斗三号系统，性能更优的“天琴二代”高精度星基增强基带芯片将发布。（2019 年 4 月 15 日《新京报》）

相关词语见“考二代”。

【*天问】 tiānwèn 名词。我国执行行星探测任务的探测器的总称。原指对天地、自然和人世等一切事物现象的发问，出自战国时期诗人屈原创作的长诗《天问》。例从探月工程“嫦娥”，到行星探测“天问”，中国人的飞天梦正走向更高更远。（2020年4月28日《中国青年报》）｜据透露，“天问”系列探测任务还将继续，我国计划在2030年开展第二次火星探测任务，也会继续推动小行星探测和木星、土星等更远星球的探测工程。（2020年7月24日《人民日报》）

【天问一号】 tiānwèn yīhào 执行我国首次火星探测任务的探测器名称。我国行星探测任务的探测器被命名为“天问系列”，“天问”出自战国时期诗人屈原创作的一首长诗，表达了中华民族对追求真理的坚韧与执着。例今年全国两会期间，来自航天领域的多位全国政协委员、全国人大代表详解我国首次火星探测任务“天问一号”的亮点及未来相关设想。（2020年5月26日《中国青年报》）｜我国首次火星探测任务“天问一号”探测器目前飞行状态良好，能源平衡、工况正常。（2020年7月29日《人民日报》）

【甜野】 tiányě 形容词。甜美而野性。例人们厌烦了电视和短视频里那些“不是同年同月同日生却似同年同月同日生”的精致美颜产品，突然看到这种毫无修饰、完全天然的“甜野”男孩，怎能不心旷神怡？（2020年12月2日《中国青

知识窗
相关词语

年报》)|丁真的"甜野"颜值是发酵点,而理塘辽阔风景以及全国各地的追捧是其爆红的原因,两者彼此成就。(2020年12月5日人民网)

【填坑力】 tiánkēnglì 名词。指解决问题的能力,多用于职场。因解决问题就像填平地上的坑一样,故称。例 真正厉害的填坑力,是填得了坑,也具备防止别人给自己挖坑的能力。(2019年2月13日搜狐网)|这些年,每个人都在说核心竞争力,但仔细想想,什么样的能力最不可或缺?可能就是填坑力。(2019年10月5日搜狐网)

【贴现通】 tiēxiàntōng 名词。票据经纪机构受申请人委托,在票交所系统进行信息登记等服务,以实现申请人与贴现机构完成票据业务的服务功能。例 贴现通业务引入票据经纪机制,为贴现申请人提供的贴现信息登记、询价发布和交易撮合的全开放互动式报价平台。(2019年5月23日腾讯网)|(中国人民银行)支持上海票据交易所在长三角地区推广应收账款票据化,试点推广"贴现通"业务。(2019年6月14日《经济日报》)

【听时代】 tīngshídài 名词。基于具有收听功能的电子产品的经济现象和时期。例 一个"听时代"正在到来。如果走在路上和朋友打招呼没反应,对方十有八九是戴着耳机。(2019年2月19日《人民日报》)|只要耳朵依然是人的感官,声音产品永远占有一席之地。"听时代"的到来、声音市场的蓬勃发展势不可挡。(2019年3月21日光明网)

【停课不停学】 tíngkè bù tíngxué 指新冠肺炎疫情期间,全体学生不能到学校上课而通过网络平台教学,实现老师在网上教、学生在网上学的网络课程居家学习方式。教育部于2020年1月29日提出。例疫情之下“停课不停学”，在线教育由此成为必选项。（2020年2月4日《中国青年报》）

【童经济】 tóngjīngjì 名词。见“娃经济”。例百余个品牌、两千家门店将开展一个月的促销活动，助力“她经济”“童经济”发展。（2019年7月21日《北京晚报》）

【*偷跑】 tōupǎo 动词。原指在跑步项目中运动员在发令之前就偷偷冲出起跑线的犯规行为。现引申为信息产品通过非正常渠道提前发布。例一向走在版本偷跑前沿的兴趣社区XDA抢先拿到了一台运行Android Q早期系统的Pixel 3 XL手机。（2019年1月17日搜狐网）｜现在，顶级的i9-9900KF也出现了，但奇怪的不是上架京东或天猫，而是二手平台闲鱼，估计是不少渠道商、零售商拿到了货就忍不住偷跑，但官方发售日期也肯定不远了。（2019年3月26日新浪网）

【土字号】 tǔzìhào 名词。指乡土特色产品品牌。例地方政府应大力打造区域公用品牌，培育一批有影响力的区域公用品牌和企业品牌，创响一批“土字号”特色产品品牌。（2019年8月13日《人民日报》）

2019年6月国务院印发的《关于促进乡村产业振兴的指导意见》中提出：“鼓励地方培育品质优良、特色鲜明的区域公用品牌，引导企业与农户等共创企业品牌，培育一批‘土字号’‘乡字号’产品品牌。”

【团结试验】 tuánjié shìyàn 世界卫生组织及其合作伙伴

知识窗

相关词语

共同发起的一项寻找新冠肺炎治疗方法的国际临床试验。该试验从多国招募COVID-19患者，重点评估药物对患者的死亡率、辅助通气的必要性和住院时间的影响，旨在快速发现任何能够减缓疾病进展或提高存活率的药物。例 世卫组织正在全球多国开展“团结试验”项目，推进疫苗研发。（2020年4月28日《人民日报》）| 世卫组织当天发表声明说，“团结试验”中的研究人员将不再随机分配患者到羟氯喹分支。（2020年6月19日《南方日报》）

【退休预备员】 tuìxiū yùbèiyuán 指盼望早点退休，领退休工资享受退休生活的年轻人。例“退休预备员”出现的原因有很多。房价、物价居高不下，工作难找，相比于父辈，这代年轻人承受着更多的压力。（2019年7月25日人民网）|“退休预备员”这一今年的网络热词，指的是部分年轻群体在任职之初往往满怀激情，然而随着时间推移，有的开始产生疲倦惰怠情绪。（2019年10月31日中国军网）

【退役熬夜员】 tuìyì áoyèyuán 网络用语。指因身体或年龄等原因，不能再继续熬夜的人。例 所谓“退役熬夜员”，简单来说就是曾经的守夜冠军们，因为身体健康、年纪等问题，选择退出熬夜界，转向早睡但不一定早起界。（2019年3月13日搜狐网）| 有些人随着年龄的增长，经常熬夜已经吃不消了，所以为了自己的健康，他们从熬夜大军中光荣退役了，被网友们称为“退役熬夜员”。（2019年7月5日《今晚报》）

V

【Vtuber】 虚拟主播。在视频网站上，以特定的配音演员进行配音、上传动画短片，或者进行直播活动的虚拟偶像。由英文 Virtual YouTuber 缩写而成。例 2018 年被称作 Vtuber(虚拟 Youtuber 的简称)爆发的元年，近 3000 名各色 Vtuber 如春笋般诞生，而 2019 年，Vtuber 的这个热潮已经无法阻挡。(2019 年 4 月 27 日搜狐网)｜而绊爱作为 Vtuber 的大前辈，先前却爆出“中之人”争议，中之人指的就是在幕后饰演绊爱的真实声优，绊爱基本为日本 Activ8 公司所运营的角色。(2019 年 10 月 24 日凤凰网)

知识窗 相关词语

W

【5G+】 一种以 5G 技术为基础的经济发展新形态。使 5G 技术与传统行业实现深度融合。也称“5G + X”。例 中国移动将全面实施“5G + ”计划，建设覆盖全国、技术先进、品质优良的 5G 精品网络。(2019 年 6 月 26 日《北京晚报》)｜此次揭牌的中国智慧家庭生态联盟智慧健康养老创新中心，开发了以“智能 + ”为核心，“5G + ”连接家庭及各种康养

场景的七大类服务解决方案。(2019 年 9 月 9 日《经济日报》)

【5G 时代】 5G shídài　运用 5G 技术的时代。例信息通信技术的飞速推进和 5G 时代的到来,以数字化为核心的“移动化新媒体生存”已经成为国人最基本的生活形态。(2019 年 3 月 18 日《中国青年报》)| 在 5G 时代,人和数据高度融合,这个时代隐私保护不好,带来的伤害可能比其他技术时代带来的伤害更大。(2019 年 5 月 27 日《中国青年报》)

【5G 元年】 5G yuánnián　指 5G 技术实现商业应用的第一年,即 2019 年。这一年移动、联通、电信三大运营商和中国广电获颁 5G 牌照,5G 产业链进一步成熟,故称。也称“5G 商用元年”。例今年可以算是 5G 元年,5G 网络的开通必将推动我国经济社会转型,成为经济发展的新动力。(2019 年 3 月 7 日《北京晚报》)| 2019 年是 5G 元年,5G 的网络设备和终端都已达到预商用水平,我国将启动 5G 网络规模部署。(2019 年 3 月 8 日《新京报》)

【娃经济】 wájīngjì　名词。以亲子消费为主体的一种经济模式。也叫“童经济”。例报个游泳课、上个编程班、来趟亲子游……暑期里“娃经济”红红火火,不少家长选择通过亲子消费来和孩子增进情感。(2019 年 8 月 16 日《北京晚报》)| 随着经济条件的改善,更有消费能力的家长也就更舍得在孩子身上花钱,这促成了“娃经济”的火爆。(2019 年 8 月 16 日《北京青年报》)

【网格仓】 wǎnggécāng　名词。连接社区团购平台和线下服务门店的中转仓库。因将各个区域按一定标准划分成单元网格建立仓库，故称。[例]据悉，美团优选将通过自建和加盟的方式，在全国范围内建立大仓－网格仓－线下服务门店的物流配送体系……服务社区居民。（2020 年 9 月 3 日腾讯网）｜美团优选将通过自建和加盟的方式，在全国范围内建立大仓－网格仓－线下服务门店的物流配送体系。（2020 年 9 月 4 日《南方日报》）

【网格密码】 wǎnggé mìmǎ　一种用英文字母和阿拉伯数字相结合表示住户信息的方式，用以实现方便快捷的社区服务管理。网格密码带有一定的保密性质。[例]打开户况图，一个个由字母和数字组成的“网格密码”映在眼前，家里是否有党员，是否有 80 岁以上老人等，通过“网格密码”一目了然。（2019 年 4 月 25 日央广网）｜在蜀山区琥珀街道翠竹园社区，4334 户居民都有专属的“网格密码”。（2019 年 8 月 13 日《人民日报》）

【网络搬家】 wǎngluò bānjiā　网民为躲避他人的关注而更换社交网站或建立自媒体小号的行为。[例]“网络搬家”的理由可谓五花八门，有的网友表示仅仅是为了躲避侦探型前男（女）友的跟踪，有的是为了躲避来自亲妈的连环追问。（2019 年 8 月 8 日人民网）｜“网络搬家”指的是为了怕别人关注或者监视，把自己的号从一个搬到另一个的行为。而“网络搬家”的原因，只是为了找一个地方自说自话。（2019 年 8 月 9 日《中国青年报》）

【网络减负】 wǎngluò jiǎnfù　政府针对政务新媒体账号过多、传播效果较差、占用工作时间长等问题，而采取相应的减负措施。源自 2019 年 3 月初，长沙市政协《社情民意》第 14

期刊发政协委员提交的“为基层工作人员‘网络减负’的建议”。例长沙市基层减负年从“网络减负”切入，向“指尖上的形式主义”开刀。(2019年10月15日《光明日报》)｜市纪委市监委出实招、破难题，于2019年4月成立专题调研组，深入6家基层单位调研，将“网络减负”作为推动全市集中整治形式主义、官僚主义问题的切入口，并得到了市委主要领导的高度认可。(2019年12月2日人民网)

【网商贴】 wǎngshāngtiē 名词。网商银行提供的票据贴现服务。例记者从网商银行处获悉，其“网商贴”服务仅推出50天便为3000家小微企业节省近1000万元。(2019年3月28日新浪网)｜网商银行还专门为此推出了网商贴，为小商家降低融资成本。(2019年7月3日新浪网)

【网抑云】 wǎngyìyún 名词。指歌曲评论中存在的大量抑郁、悲观言论的现象。因存在于音乐APP“网易云音乐”中，故称。例被戏称为“网抑云”的现象近日成为网友热议话题，就此，网易云音乐立即推出“云村评论治愈计划”，将邀请心理专家、万名心理专业志愿者加入“云村治愈所”。(2020年8月17日人民网)

【微基建】 wēijījiàn 名词。满足居民日常生活需求的微型基础设施和公共服务建设。例在老旧菜场改建、空置幼儿园转型等微基建项目中，殷行街道也加快实现社区更新步伐。(2020年6月19日《新民晚报》)｜从属性看，微基建要基于其公共性—市场性程度细分为三大类：一是公共性强的社区微基建；二是市场性强的社区微基建；三是社会性强的社区微基建。(2020年11月13日搜狐网)

【微信跑分】　wēixìn pǎofēn　用户在跑分平台上注册并缴纳押金，上传个人收款二维码供他人使用，从而获得一定的佣金奖励的违法活动。跑分平台实际是为黑、灰产业提供技术支持和线上操作平台，本质是“洗黑钱”，也给用户带来押金被骗、信息泄露等重大风险。例 事实上，所谓的“微信跑分”，不过是不法分子借着微信的幌子招摇撞骗，其中暗藏着许多圈套。（2019 年 2 月 26 日腾讯网）｜微信跑分获利涉嫌违法，用户应珍惜账户使用权。（2019 年 3 月 4 日新浪网）

【微信视频号】　wēixìn shìpínhào　指 2020 年 1 月 22 日由腾讯公司官微正式开启内测的以图片和视频为主的内容记录与创作平台。用户可直接在手机上发布内容，平台支持点赞、评论、转发等功能。例 惠城区第四十二学校四年级语文老师肖伟魁玩起了微信视频号。在他开设的“肖老师和他的孩子们”视频号里，分享了学生们和家长合作完成的朗诵作品。（2020 年 4 月 17 日《南方日报》）｜系列短视频作品将在抖音、快手、微信视频号等短视频平台上线，各地省级卫视、融媒体中心、新时代文明实践中心和各类公共平台将开展联动传播。（2020 年 11 月 10 日《光明日报》）

【微型码】　wēixíngmǎ　名词。附加在商品上的小型二维码，使每一件商品都变成一个品牌小程序的入口。例 接入“一物一码”能力后，商家可以通过接口获取支持 0.5cm×0.5cm 印刷面积下快速读取的“微型码”。（2019 年 7 月 16 日新浪网）｜依托其流量与社交优势，微信又在今年 7 月开放“一物一码”能力争夺线下业态：品牌方在商品上附上“微

知识窗　相关词语

型码”，用户扫码就可以进入品牌方小程序。（2019 年 9 月 26 日腾讯网）

相关词语见“红码”。

【微云台】 wēiyúntái 名词。安装在手机摄像头中的有利于保持手机拍摄画面稳定的微型支撑设备。例 相比传统光学防抖，“微云台”能实现更好的防抖效果，也能够让消费者在暗光下拍出更好的照片，大幅降低了普通消费者的创作门槛。（2020 年 7 月 10 日《人民日报》）| 面对激烈的市场竞争，vivo 坚持“用户需求导向 + 技术创新”的发展战略，并由此诞生了屏幕指纹、升降式摄像头、微云台等行业领先科技。（2020 年 9 月 11 日《人民日报》）

【尾款人】 wěikuǎnrén 名词。称已付完定金，等着付尾款的人。源自线上购物平台推出的“定金 + 尾款”的促销活动。例 10 月 21 日起，消费者可先支付定金，在 11 月 1 日至 3 日、11 月 11 日两个销售期分波支付尾款，广大网友也发挥娱乐精神，解锁了新名词“尾款人”，他们熬夜通宵剁手，交完定金后，还需要背上数千、上万块的还款压力。（2020 年 10 月 22 日新浪网）| 作为双十一的消费主力军，天生不羁敢花钱的 90 后，看似潇洒，其实背后也在隐隐担忧，“尾款人”成为热搜背后，是 90 后“家底”薄的现状。（2020 年 10 月 30 日《南方日报》）

【未诉先办】 wèisù xiānbàn 由“接诉即办”衍生的政府部门办理公务的方法。从市民以往的诉求中得出规律，在接到新诉求之前就能够提前解决问题。见“接诉即办”。例 如今的北京 12345 市民热线服务中心内，智能分析数据系统里的诉求热力图，加强周、月分析报表等实时反映各区电话诉求量、分布类型的变化。“接诉即办”这一被动响应方式正走向主动治理的“未诉先办”模式。（2019 年 8 月 14 日《中国青年报》）｜“‘接诉即办’是一个富矿，形成的大数据要好好地用好。春夏秋冬、12 个月要摸索出规律来。”北京市委主要负责同志指出，掌握了这些规律，政府就可以做到未诉先办、主动谋划。（2019 年 11 月 21 日《北京青年报》）

【蜗牛女性】 wōniú nǚxìng 一种新型女性。她们主张首先应该拥有自己的房子。像蜗牛一样，有了房子就有了保障，不依靠别人，故称。例这样的人生遭遇塑造了她坚韧隐忍、倔强向上的“蜗牛女性”性格特征，即使渺小、无助，依然要倔强地负重前行。（2019 年 3 月 7 日凤凰网）｜种种数据都在表明单身女性买房占比上升，有个热词“蜗牛女性”用来概括新型女性，她们就像蜗牛一样，主张先拥有自己的房子、为自己而活。（2019 年 4 月 15 日搜狐网）

【我爱了】 wǒ'àile 网络用语。表示对某人或某物很喜欢。例（麒麟瓜）果肉饱满，轻轻一咬，汁水迸发，香甜的味道逐渐弥漫口腔，我爱了！（2019 年 6 月 16 日搜狐网）｜见到了抖音上超火的“网红”土拨鼠，领略了高原的别样风光，体验了一番韵味十足的藏式风情，同时结交了不少志同道合的驴友，这趟莫斯卡之旅我爱了！（2019 年 10 月 13 日《成都日报》）

【我可以】 wǒ kěyǐ 网络用语。表示对某人或某事很喜欢。出自《中国有嘻哈》中“我觉得 ok”“我觉得还行”“我觉得我可以”。2019 年 12 月 4 日，该词入选哔哩哔哩发布的 2019

知识窗 相关词语

年十大弹幕热词榜。例又性感又能打，男女通吃的新霹雳娇娃我可以！（2019年12月3日百家号）

【无感测温】 wúgǎn cèwēn 利用红外线技术等测量体温。因测温时被测人没有任何感觉，故称。例为保障疫情期间旅客安全出行，广铁集团在各大车站均设置了红外线无干扰测温仪，实现无感测温，确保旅客快速进出站。（2020年5月2日《南方日报》）｜在满足防疫要求的情况下，根据现场人流情况也可通过现场扫码登记、无感测温、查验证件的方式入场参观。（2020年9月3日《北京青年报》）

【无感通关】 wúgǎn tōngguān 指海关"免排队、免搬箱、免过机、零等待"的优质服务。例海关行业推出了旅客"无感通关"和货物"无纸通关"，通关效率提升约62.5%。（2019年10月10日《新民晚报》）｜为更好地提升进出境旅客通关感受，北京海关旅客入境时可实现"无感通关"，即"免排队、免搬箱、免过机、零等待"。（2019年10月16日《人民日报》）

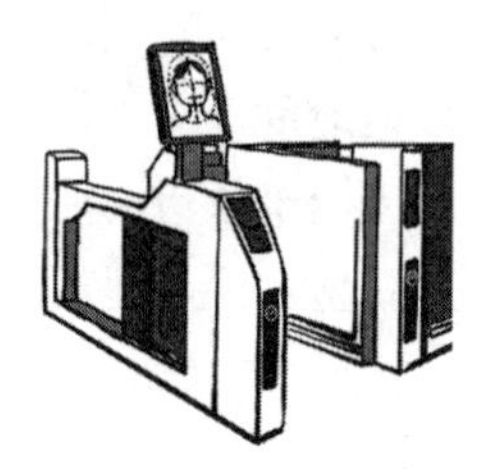

【无接触餐厅】 wújiēchù cāntīng 从餐食下单、制作到交付全过程，均无人与人直接接触的餐厅。是新冠肺炎疫情暴发后新出现的餐饮经营模式。餐厅类型囊括餐饮老字号、中式正餐、中式快餐和西式快餐四大类。例中国饭店协会宣布与多家餐饮品牌联合落地首批"无接触餐厅"，一些大型商场和超市发力线上销售，各大快递公司出台各自的无接触配送标准。（2020年3月11日《人民日报》）｜疫情防控

期间，从智能制造到无接触餐厅，当传统行业插上信息化的羽翼，创造经济增长的更多可能性。（2020 年 7 月 7 日《人民日报》）

*无接触贷款 *无接触服务 *无接触经济 *无接触配送 *无接触送餐 *无接触消费

【无接触贷款】 wújiēchù dàikuǎn 在线申请，在线办理，全过程没有人与人直接接触的数字贷款模式。例 网商银行联合全国工商联和 100 家银行，为 1000 万小微商户提供无接触贷款。（2020 年 4 月 8 日《新民晚报》）｜近期，网商银行联合全国工商联等发起“无接触贷款”助微计划，利用网商银行在支付宝等平台的线上服务渠道，为小微企业、个体经营者和农户等提供安全、便捷的融资服务。（2020 年 7 月 1 日《人民日报》）

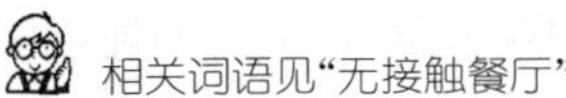
相关词语见“无接触餐厅”。

【无接触服务】 wújiēchù fúwù 服务行业在线为消费者提供服务，全过程没有人与人直接接触的服务模式。例 以网上办、自助办、掌上办、咨询办等形式推动“无接触服务”的常态化、常规化。（2020 年 2 月 26 日《人民日报》）｜零售及餐饮企业积极开拓线上业务，加快发展互联网销售、外卖送餐等无接触服务。（2020 年 3 月 17 日《光明日报》）

相关词语见“无接触餐厅”。

【无接触经济】 wújiēchù jīngjì 在线进行商品交易，全过程没有人与人直接接触的经济模式。例 在零售业领域，鼓励量大面广的实体店探索使用云、小程序、直播等数字化工具，

促进无接触经济发展。(2020 年 5 月 19 日《南方日报》)|近些年出现的数字经济、共享经济,以及疫情期间的无接触经济,其中最基础、最重要的支撑就是计算机技术。(2020 年 7 月 23 日《中国青年报》)

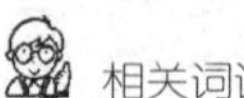
相关词语见“无接触餐厅”。

【无接触配送】 wújiēchù pèisòng　物流、外卖配送人员将寄递物品投放到智能快递柜、驿站、代收点或用户指定位置,避免与收件人直接接触的配送方式。例 为了抗击疫情,餐饮企业和外卖平台开启了无接触配送服务,保持距离此时是最有安全感的行动。(2020 年 2 月 21 日《南方日报》)|在疫情期间,近年来一直活跃的数字经济创业企业,完善了从网络购物到无接触配送,从居家办公到线上教育、健身,从大数据到“宅经济”的经济生态,创造了更多的就业岗位。(2020 年 10 月 21 日《中国青年报》)

相关词语见“无接触餐厅”。

【无接触送餐】 wújiēchù sòngcān　外卖配送人员将餐食投放到代收点或用户指定位置,避免与收件人直接接触的配送方式。例 与此同时,很多餐饮企业均表示,为满足市场需求,他们还积极开展多渠道服务,在外卖、团餐、无接触送餐等市场和新送餐方式上,不断创新,迭代黑科技。(2020 年 2 月 23 日《南方日报》)|园区联手饿了么打造了专享无接触送餐服务,企业员工通过“漕河泾 life”APP 下单,商家配

餐后将外卖放置在指定区域，配送员与客户之间通过固定位置放餐取餐。（2020 年 4 月 6 日《新民晚报》）

相关词语见“无接触餐厅”。

【无接触消费】 wújiēchù xiāofèi 人们在线购买商品和服务的消费方式。例 此次疫情带动了“无接触消费”——从传统的外卖、网购逐步扩展到健身、线上卖房等。（2020 年 3 月 15 日《新京报》）| 在现有基础上，要进一步创新无接触消费模式，支持实体商业发展线上业务。（2020 年 9 月 17 日《经济日报》）

相关词语见“无接触餐厅”。

【无码绿色通道】 wúmǎ lǜsè tōngdào 在通常需要使用二维码验证的情况下，专为不能使用或没有二维码的人群（特别是老年人群体）建立的手续简便、安全快捷的通道。例 车站、机场、公园、银行、医院等公共场所应建立“无码绿色通道”，保留现金支付及线下办理渠道。（2020 年 10 月 26 日《北京青年报》）

相关词语见“红码”。

【无症状感染者】 wúzhèngzhuàng gǎnrǎnzhě 特指没有新冠肺炎临床症状（如发热、咳嗽、咽痛等可自我感知或可临床识别的症状与体征），而呼吸道等标本核酸检测结果呈阳性的人员。例 国家卫生健康委员会组织专家对确诊病例进行分析，发现我国无症状感染者转为确诊病例比例呈逐渐下降趋势。（2020 年 4 月 13 日《光明日报》）| 10 月 11 日，当地卫健委发布通报称“青岛市新增 3 例新型冠状病毒肺炎

知识窗 相关词语

无症状感染者”。(2020年10月16日《中国青年报》)

【五税合一】 wǔshuì héyī 指企业所得税、城镇土地使用税、房产税、土地增值税、印花税五个税种合并申报并缴纳税款，实现“一张报表、一次申报、一次缴款、一张凭证”。例国家税务总局山东省税务局正式在电子税务局上线“五税合一”税种综合申报。(2020年9月3日山东电视台《山东新闻联播》)｜在率先探索推行“五税合一”的上海，该举措已让近50万纳税人享受到服务便利。(2020年9月15日《人民日报》)

【捂货惜售】 wǔhuò xīshòu 网络用语。新冠肺炎疫情期间，特指压住紧缺的口罩、消毒液等医疗物资，舍不得拿出来售卖。例疫情发生以来，个别生产经营者借机哄抬价格、偷工减料、捂货惜售。为此，有关部门加强监管，依法严厉打击涉疫情的市场违法行为。(2020年2月5日《人民日报》)｜“如何保障各地粮油蔬菜价格平稳?”“治理哄抬民生商品价格、捂货惜售等行为有何举措?”一个个问题直指当前群众所忧所需，成为疫情防控期间市场监管干部要啃的“硬骨头”。(2020年4月17日人民网)

X

【XR】 扩展现实技术。通过计算机技术和可穿戴设备产生的一个虚实组合、人机交互的环境，是AR、VR、MR等多种形

式的统称。XR,英文 Extended Reality 的缩写。例这是戛纳 XR 单元第一次来到中国,展映的 12 部作品来自 8 个国家,是从全球征集的数百部优秀作品中脱颖而出的 VR 佳作。(2020 年 8 月 7 日《北京晚报》)| 在没有观众的情况下,我们更多地使用了 XR 拓展现实技术,让玩家在线上观看时能有更多身临其境的感觉。(2020 年 10 月 30 日《新民晚报》)

【犀牛液】 xīniúyè 名词。对主要成分为 N,N-二异丙基-5-甲氧基色胺的新型毒品的俗称。例目前国内新型毒品层出不穷,有“蓝精灵”“犀牛液”“小树枝”“0 号胶囊”等,极具伪装性和迷惑性。(2019 年 6 月 26 日《新京报》)

【洗脑包】 xǐnǎobāo 名词。网络用语。指某明星的粉丝为了自家偶像的利益,有意无意地歪曲事实,极力吹捧的行为。因其目的是让人相信其宣传,如同洗脑一样,故称。例这些关于刘诗雯的洗脑包,在网上可不是流传了一段时间,“欣溪6”之流经常在网上发布类似的言论,误导球迷。(2019 年 10 月 23 日百家号)| 新疆生活水深火热? 加拿大视频博主粉碎西方媒体“洗脑包”(2020 年 8 月 5 日澎湃新闻网)

【戏点】 xìdiǎn 名词。影视作品中令人印象深刻的剧情片段。例他们演现代戏让你觉得像在演周围的真实人物,演古人却又犹如被战国灵魂附体,不仅毫无违和,还戏点十足。(2020 年 12 月 4 日腾讯网)| 编剧把重心都给了小儿嬴政与他“父母”的故事,创作方向便已经先错一步了,在父母故事里又缺乏高光戏点影响观众,更容易导致观众中途弃剧。(2020 年 12 月 16 日腾讯网)

【系统运维员】 xìtǒng yùnwéiyuán 使用工具、检测仪器及设备，对系统进行数据采集、状态监测、故障分析与诊断、维修及预防性维护与保养作业的工作人员。例希望今后我能接触更多工业机器人，成为更专业的系统运维员和自动化仓库运营师。（2019年5月2日搜狐网）|工业机器人的大量使用，对工业机器人系统运维员的需求剧增，使其成为现代工业生产一线的新兴职业。（2019年11月25日新浪网）

【下沉干部】 xiàchén gànbù 新冠肺炎疫情期间特指从上级机关下到抗疫一线工作的干部。例只有通过实实在在地参与社区重大事件决策过程，下沉干部才能真正了解基层运转的基本逻辑与主要问题。（2020年3月20日《中国青年报》）|下沉干部严密排查、社区民警维持治安、卫生服务站工作人员坚守岗位。通过联防联控、群防群治，有效隔离传染源、切断传染途径。（2020年6月18日《人民日报》）

【限集令】 xiànjílìng 名词。指限制电视连续剧集数的规定。国家广播电视总局向行业征求意见，拟规定电视连续剧集数的上限为40集。例对于“限集令”，业内很多人士认为，客观上确实可以整治当下“注水剧”泛滥的现状。（2019年9月8日《北京青年报》）|如此看来，前一阵被舆论热议的电视剧“限集令”，限的不仅是电视剧的集数本身，更是要将电视剧限回到叙事和人物本身。（2019年9月19日《北京晚报》）

【限聚令】 xiànjùlìng 名词。指新冠肺炎疫情期间香港特区政府推出的一系列限制市民之间社交距离的防疫措施。例7月1日，“限聚令”下反对派煽动非法游行，大批暴徒在港岛多处集结叫嚣、肆意破坏店铺并冲击警方防线，一帮违法分子更在街上摘下口罩抽烟。（2020 年 7 月 20 日《南方日报》）｜考虑到新冠肺炎疫情，香港特区政府在一定时期内执行禁止民众聚集的“限聚令”，是从民众健康角度出发做出的负责任决定。（2020 年 7 月 22 日《人民日报》）

【线上复工】 xiànshàng fùgōng 见“云复工”。例从“面对面”到“键对键”，“线上复工”这一人性化的办公模式有利于疫情防控，有利于保障企业员工健康。（2020 年 2 月 13 日《经济日报》）

【线上演出】 xiànshàng yǎnchū 指文艺院团、演出机构在互联网上进行演出。例对于很多合唱团来说，未来线上演出将成为一个常规的选择。（2020 年 7 月 31 日《北京青年报》）｜数字技术发展使线上演出观看体验得到提升，且降低了传播成本。（2020 年 8 月 15 日《人民日报》）

【乡村主播】 xiāngcūn zhǔbō 在乡村做现场视频直播的人。也称“村播”。例“乡村主播”李宏波：扶志有志易成事（2019 年 4 月 17 日新华网）｜26 位乡村主播来到快手总部，参加了一场毕业典礼（2019 年 12 月 17 日央广网）

【乡字号】 xiāngzìhào 名词。指乡村特色产品品牌。例激活乡村产业，要因地制宜发展多样性特色农业，创响“乡字号”。（2019 年 2 月 25 日《经济日报》）｜依托基地和产业优势，雷甘村将进一步加快产业扶贫，逐步形成具有特色的“乡字号”农产品品牌。（2019 年 6 月 17 日《南方日报》）

【香港国安法】 Xiānggǎng Guó'ānfǎ 《中华人民共和国香港特别行政区维护国家安全法》的简称。该法于 2020 年 6

月 30 日由十三届全国人大三次会议审议通过。例香港有些年轻人受境外人士影响,并诉诸暴力和破坏,香港国安法可以争取时间、空间,让年轻人多思考、多理解。(2020 年 7 月 2 日《中国青年报》)

【小康元年】 xiǎokāng yuánnián 指 2020 年。是我国全面建成小康社会的第一年。例 1 月 4 日下午,以"2020 小康元年"为主题的清华大学中国与世界经济论坛在清华大学召开。(2020 年 1 月 5 日腾讯网)|在《破冰行动》取得成功后,小康元年献礼剧《约定》预计 Q4 上线。(2020 年 10 月 25 日新浪网)

【新动力人群】 xīndònglì rénqún 指掌握新技术、创造新业态的知识分子。例大数据和互联网经济崛起、民营经济的活跃、社会主义市场经济体制显效,三者的综合作用,让新业态中的科技知识分子日益展现出勃勃生机,已成为改革的"新动力人群"。(2019 年 1 月 10 日《光明日报》)|在"新动力人群"的参与下,不仅各部门之间的"放管服"短板会被放大,各地区之间的改革进度、质量,也会面临更大的竞争压力。(2019 年 2 月 28 日《光明日报》)

【新发展格局】 xīnfāzhǎn géjú 指以国内大循环为主体,通过畅通产业循环、市场循环、经济社会循环以扩大内需,同时利用国内国际两个市场,实现国内国际经济循环相互促进的经济发展模式。2020 年 5 月 23 日,习近平在看望参加政协会议的经济界委员时提出。例当前经济形势仍然复杂严峻,必须从持久战的角度加以认识,加快形成以国内大循环为主体、国内国际双循环相互促进的新发展格局。(2020 年

7月31日《中国青年报》)|扩大内需在新发展格局中居核心地位。(2020年8月10日《中国青年报》)

【新发展阶段】 xīnfāzhǎn jiēduàn 指全面建成小康社会、实现第一个百年奋斗目标之后，全面建设社会主义现代化国家、向第二个百年奋斗目标进军的发展阶段。例 习近平总书记指出："'十四五'时期是我国全面建成小康社会、实现第一个百年奋斗目标之后，乘势而上开启全面建设社会主义现代化国家新征程、向第二个百年奋斗目标进军的第一个五年，我国将进入新发展阶段。"(2020年11月2日《中国青年报》)|实现"十四五"规划和2035年远景目标，必须深刻认识新发展阶段的内涵和特点。(2020年11月25日《人民日报》)

【新个体经济】 xīngètǐ jīngjì 指个体经营者利用互联网平台开展多样化自主就业创业的经济模式。具有成本结构简化、人员构成简单、资金投入较少、信息工具共享等特点。例 在鼓励发展新个体经济方面，积极培育新个体，支持自主就业。(2020年7月16日《人民日报》)|随着"新个体经济"的出现，原有市场结构会发生变化，市场需求也会随之发生变化并催生出各种新业态和新经营模式。(2020年7月29日《人民日报》)

【新冠】 xīnguān 名词。"新型冠状病毒"或"新型冠状病毒肺炎"的简称。"新型冠状病毒"是以前从未在人体中发现的冠状病毒新毒株，具有高传染性和高隐蔽性。由这种病毒引起的肺炎即"新型冠状病毒肺炎"。例 以往每年过年，我都去看看她，今年实在太忙了，没抽出时间，本想过完年再

知识窗 相关词语

去，没想到新冠这个家伙来了个突然袭击。（2020 年 2 月 6 日《中国青年报》）

【新冠病毒】 xīnguān bìngdú “新型冠状病毒”的简称。具有高传染性和高隐蔽性。例 在新冠病毒袭击中国期间，欧洲各国领导人和民众均对中国提供了物资和道义的多重援助。（2020 年 3 月 23 日《光明日报》）| 针对新冠病毒的致病特点、气候特点等，广州中医药大学惠州医院自制研发中药方剂益气防感茶、清肝解郁茶、防疫香囊等，派发至疫情防控一线单位及企业和社区，在疫情期间发挥了重要作用。（2020 年 8 月 14 日《南方都市报》）

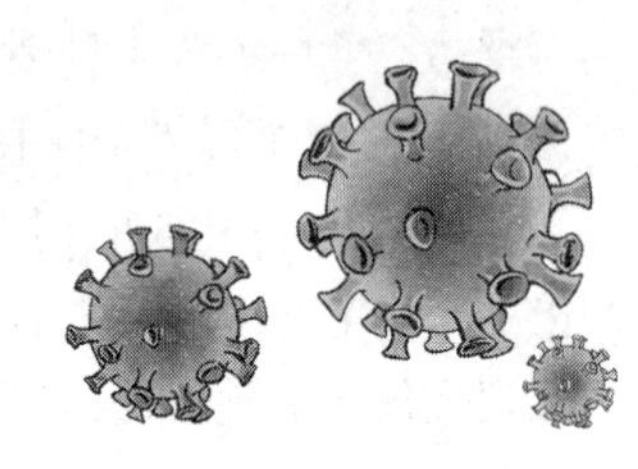

📖 2020 年 1 月 7 日 21 时，病原体被专家初步确认为新型冠状病毒，是以前从未在人体中发现的冠状病毒新毒株。1 月 12 日，世界卫生组织将其命名为 2019 新型冠状病毒，即 2019-nCoV，英文 2019 Novel Coronavirus 的缩写。1 月 30 日，世界卫生组织建议将“2019-nCoV”作为该病毒的临时名称。2 月 11 日，国际病毒分类委员会（ICTV）正式将新型冠状病毒命名为 SARS-CoV-2，并认定这种病毒是 SARS 冠状病毒的姊妹病毒。SARS-CoV-2 是英文 Severe Acute Respiratory Syndrome Coronavirus 2 的缩写。

【新冠肺炎】 xīnguān fèiyán “新型冠状病毒肺炎”的简称。因感染 2019 新型冠状病毒导致的肺炎。例 新冠肺炎疫情发生以来，医用口罩尤其是符合 N95/KN95 标准的医用防

护级口罩，可谓是“一罩难求”。（2019 年 2 月 9 日《新京报》）

📖 2019 年 12 月以来，湖北省武汉市部分医院陆续发现了多例有华南海鲜市场暴露史的不明原因肺炎病例。1 月 7 日，专家组初步判定本次不明原因的病毒性肺炎病例的病原体为新型冠状病毒。1 月 11 日，媒体首次使用“新型冠状病毒感染的肺炎”。2 月 7 日，国家卫健委在新闻发布会上将“新型冠状病毒感染的肺炎”暂命名为“新型冠状病毒肺炎”，简称“新冠肺炎”，英文名为 Novel coronavirus pneumonia，英文缩略 NCP。2 月 11 日，世界卫生组织将新型冠状病毒肺炎正式命名为 COVID-19，中文意为“2019 年冠状病毒疾病”。“CO”代表冠状(Corona)，“VI”代表病毒(Virus)，“D”代表疾病(Disease)，“19”指疾病暴发于 2019 年。2 月 21 日，国家卫生健康委发布通知，将“新型冠状病毒肺炎”英文名称修订为“COVID-19”，与世界卫生组织命名保持一致，中文名称保持不变。

【新冠疫苗】 xīnguān yìmiáo “新型冠状病毒疫苗”的简称。例 中国明确承诺，新冠疫苗在研发成功之后，将作为公共产品与世界分享。（2020 年 9 月 28 日《中国青年报》）

【新冠疫情】 xīnguān yìqíng 新型冠状病毒肺炎暴发后的流行和发展情况。也称“新冠肺炎疫情”。例 3 月 11 日，世界卫生组织将新冠疫情定性为全球流行病。（2020 年 4 月 2 日《中国青年报》）｜眼下，疫情防控形势仍然复杂严峻，通过疫苗预防和控制新冠疫情已经迫在眉睫。（2020 年 6 月 17 日《北京晚报》）

【新基建】 xīnjījiàn 名词。"新型基础设施建设"的简称。包括5G、人工智能、工业互联网、物联网的基础设施建设。例"传统基建"是以"铁公基"为主导的基础设施建设模式，而"新基建"更偏重于5G、人工智能、工业互联网等代表未来转型升级方向的基础设施领域。（2019年4月7日《经济日报》）

📖 2018年12月19日至21日，中央经济工作会议在北京举行，会议重新定义了基础设施建设，把5G、人工智能、工业互联网、物联网定义为"新型基础设施建设"。随后"加强新一代信息基础设施建设"被列入2019年政府工作报告。

【薪税师】 xīnshuìshī 名词。一种新职业。要求能够掌握人力资源管理基础知识和税务基础知识，又能熟练进行企业薪酬体系全流程设计。例薪税师是随着新个税法的实施而催生的新职业，他们既要懂人力资本运营又得懂财税政策及操作实务人力资源管理。（2019年3月5日《南方日报》）｜全国已有25个省市70多家机构开展了薪税师项目，近万名薪税师学员报名参加薪税师培训与考试。（2019年4月17日搜狐网）

📖 自2019年1月1日起施行。按照党中央、国务院部署，社会保险费和先行划转的非税收入也将逐步由各级税务机关征收。薪酬管理将需全面融入税务专业知识（含社会保险）。一个与之相关的能力水平评价项目《薪税师》能力水平评价项目已于2018年10月在全国全面开考。2020年2月25日，中华人民共和国人力资源和社会保障部、国家市场监督管理总局、国家统计局联合发布《人力资源社会保

障部办公厅 市场监管总局办公厅 统计局办公室关于发布智能制造工程技术人员等职业信息的通知》人社厅发〔2020〕17 号，通知明确：调整变更职业信息第(六)项：在“企业人力资源管理师(4-07-03-04)”职业下增设“薪税师”工种。

【行程码】 xíngchéngmǎ 名词。“通信大数据行程卡二维码”的简称。基于大数据等信息技术精准定位流动人员 14 天内的行程信息，新冠肺炎疫情期间多以“红码”“黄码”“绿码”对流动人员进行分类管控。例 酒店明确提示并严格查验来宾“行程码”“健康码”等，依托大数据落实疫情精准防控。(2020 年 11 月 2 日《南方日报》)

 相关词语见“红码”。

【休舱】 xiūcāng 名词。指方舱医院因全部病人治愈出院或转到其他医院而停止运营。例 3 月 8 日，惠州第三批支援湖北医疗队所在武汉江汉开发区方舱医院正式“清零”，开始休舱。(2020 年 3 月 10 日《南方日报》)｜截至 3 月 9 日休舱，江汉方舱医院共收治患者 1848 人，累计治愈出院 1327 人、转出 521 人。(2020 年 8 月 14 日《中国青年报》)

【修例风波】 xiūlì fēngbō 名词。指 2019 年 6 月以后，香港反对派和一些激进势力借抗议香港特别行政区政府提出的《逃犯条例》修订草案之名，进行的各种激进抗争活动。例 连日来，修例风波不断升级，演化为极端暴力违法行为，屡屡突破法治、道德和人性的底线。(2019 年 8 月 29 日《南方日报》)｜从 6 月份“修例风波”开始，香港社会动荡不安，港铁亦难独善其身，经历了多次被破坏、封站，这是一个多月

以来，大学站第一次恢复运营。（2019 年 12 月 22 日《新京报》）

【雪容融】　xuěróngróng　名词。2022 年北京冬残奥会吉祥物的名字。2019 年 9 月 17 日正式亮相。例北京冬残奥会吉祥物“雪容融”以灯笼为原型进行设计创作，顶部的如意造型象征吉祥幸福；和平鸽和天坛构成的连续图案，寓意着和平友谊，突出了举办地的特色；装饰图案融入了中国传统剪纸艺术；面部的雪块既代表“瑞雪兆丰年”的寓意，又体现了拟人化的设计，凸显吉祥物的可爱。（2019 年 9 月 18 日《光明日报》）｜近一年后，今年 9 月 17 日，北京 2022 年冬奥会和冬残奥会吉祥物发布仪式上，这名 21 岁女生家乡“雪打灯”的场景以一个会发光的卡通灯笼形象亮相，变成了冬残奥会吉祥物“雪容融”。（2019 年 10 月 15 日《中国青年报》）

【雪如意】　xuěrúyì　名词。2022 年北京冬奥会国家跳台滑雪中心的名字。因其主体建筑灵感来自中国传统饰物“如意”，故称。例在位于河北崇礼的古杨树场馆群，被称为“雪如意”的跳台滑雪场地在赛道顶端别出心裁地加入了可供观景、餐饮的室内空间，将场馆的赛后利用考量前移到规划设计阶段。

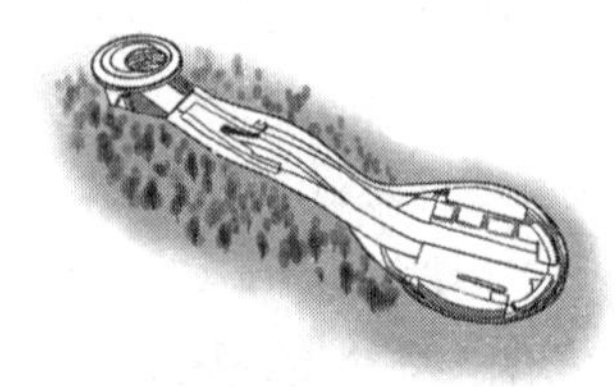

(2019年1月7日《人民日报》)｜长达两公里的栈道将“雪如意”和其他两个场馆连接，如同一个“玉环”。(2019年5月12日《新京报》)

Y

【1号病人】 1 hào bìngrén　指第一个得传染病，并开始散播病毒的患者。又称“零号病人”。在流行病调查中，也叫“初始病例”“标识病例”。例 2月20日“1号病人”出现后，意大利政府设立了“红区”。“红区”内，全民隔离，军队防守，违规出行可面临约合人民币1610元的罚款至3个月监禁。(2020年4月1日《中国青年报》)｜对于这个时隔56天后出现的“1号病人”，在官方通报前，消息就已不胫而走。(2020年7月10日《新京报》)

【要素破壁】 yàosù pòbì　指打破行政区划制约，实现不同地区资本、技术、人才等要素的互通。破壁原本指破坏植物的细胞壁，这里指打破地域壁垒。例 从打破“要素破壁”到“思想破壁”，G60科创走廊助推长三角更高质量一体化。(2019年2月16日 新华网)｜G60科创走廊从“要素破壁”到“机制破壁”再到“思想破壁”的探索不断深入。(2019年2月17日《新华每日电讯》)

【爷青回】 yé qīng huí　网络用语。“爷的青春回来了”的简缩。常用来表示看到以前熟悉事物的情况。仿“爷青结”造词。例满屏弹幕里，经常会出现“爷青回”的字眼——是“爷的青春回来了”的缩写。毫无疑问，能让所有人愿意“回头”的，总归是一直没跑出“眷恋领地”的幸存情感。(2020 年 7 月 14 日《中国青年报》)｜据 B 站官方解读，“爷青回”表达了年轻人对于过去岁月的追忆，和与青春重逢的欣喜。(2020 年 12 月 4 日《南方日报》)

【爷青结】 yé qīng jié　网络用语。“爷的青春结束了”的简缩。常用于自己喜爱或关注的东西已经改变的情况。例“如果帕瓦罗蒂没去唱歌，大概也去踢球了。”然而 2007 年，帕瓦罗蒂也离开了这个世界。小彭也因此发出了“爷青结”的感叹。(2020 年 11 月 27 日《南方日报》)｜难挡中年发福“魔咒”的他已经没了当年英姿飒爽的模样，隔着白 T 恤都能感受到它油腻的小肚腩，名副其实的“爷青结”。(2020 年 12 月 24 日腾讯网)

【夜间经济】 yèjiān jīngjì　见“夜经济”。例根据北京市近期出台的繁荣夜间经济、促进消费增长的 13 条措施，到 2021 年年底，北京要打造、培育一批“夜京城”地标、商圈和生活圈。(2019 年 7 月 15 日《中国青年报》)

【夜经济】 yèjīngjì　名词。指在当日下午 6 点至次日早上 6 点这一时段内以服务业活动为主要形式的经济文化活动。也叫“夜间经济”。例“夜经济”一词作为新消费增长点频频出现。“夜经济”不仅丰富深夜消费图景，也体现着新经济下城市的奋斗与温情。(2019 年 7 月 30 日《中国青年报》)｜作为推动新一轮消费升级的重要力量，夜经济是消费助力经济高质量发展的内在要求，是满足人们对美好生活向往

的必然选择。(2019 年 11 月 22 日《经济日报》)

【一促两稳】 yī cù liǎng wěn “促销费、稳外贸、稳外资”的合称。例商务部将深入学习贯彻中央经济工作会议精神,落实供给侧结构性改革“巩固、增强、提升、畅通”八字方针,落实“六稳”工作要求,着力做好“一促两稳三重点”。(2019 年 1 月 12 日《劳动报》)|推动商务高质量发展,落实中央经济工作会议部署,全面深化改革、扩大开放,做好“一促两稳”。(2019 年 12 月 18 日中国金融新闻网)

【一负三正】 yīfù sānzhèng “一个负面清单”和“三个正面清单”的合称。中共中央、国务院在 2020 年 6 月 1 日印发的《海南自由贸易港建设总体方案》中提出。负面清单是对企业进口自营设备实行零关税负面清单管理,即负面清单之外的商品全部免税。正面清单是对进口运营用的交通工具,进口用于生产自用或者两头在外模式进行生产加工活动所消耗的原辅料,以及岛内居民消费的进境商品实行零关税正面清单管理,即正面清单之内的商品全部免税。例建立“一负三正”清单,即对企业进口自用的生产设备,实行“零关税”负面清单管理;对进口营运用的交通工具……进境商品实行“零关税”正面清单管理。(2020 年 6 月 9 日《南方日报》)|根据《海南自由贸易港建设总体方案》,海南自贸港全岛封关之前,要先建立“一负三正”的清单,使四类商品免关税。(2020 年 8 月 3 日《人民日报》)

【一盔一带】 yīkuī yīdài 2020 年 4 月起公安部在全国开展的“骑乘电动自行车、摩托车要佩戴安全头盔,驾乘汽车要使用安全带”的安全守护行动。例今年 4 月,公安部交通管理局在全国范围部署开展“一盔一带”安全守护行动，增强大众佩戴安全头盔、使用安全带的意识。(2020 年 12 月 2 日《新京报》)｜一盔一带：戴上头盔，安全常在！(2020 年 12 月 20 日《潇湘晨报》)

【一码关联】 yīmǎ guānlián 一个二维码同时关联个人或企业相关信息的模式。例 通过建立企业证照“一码关联”应用模式，实现企业“一照一码走天下”。(2019 年 1 月 8 日《南方日报》)｜广州还将探索“一照一码走天下”改革试点，加快涉企电子证照归集，打造企业证照信息“一码关联”应用模式。(2019 年 3 月 2 日《南方日报》)

 相关词语见“红码”。

【一码通乘】 yīmǎ tōngchéng 乘客持各种不同的公共交通应用程序(APP)，可以通过刷二维码，实现地铁、公交等公共交通互通互联的乘车功能。例 值得注意的是，今年公交、地铁二维码将实现“一码通乘”，并取消手机一卡通电子卡押金。(2019 年 2 月 15 日《北京晚报》)｜北京市交通委副主任、新闻发言人曾对媒体表示，北京公共交通有望逐步实现“一码通乘”，乘客无论乘坐公交还是地铁，下载一款 App 即可使用。(2019 年 8 月 8 日《新京报》)

 相关词语见“红码”。

【一米帽】 yīmǐmào 名词。指帽翅长达一米的帽子。浙江杭州某小学结合疫情防控工作，为让学生保持一米的距离，提出“头戴一米帽、保持一米距”的倡议，要求学生在校佩戴自制的一米帽。例 为了进一步向当地民众介绍中国的抗疫

经验，莫斯科中国文化中心发布了中国某小学低年级学生为保持安全社交距离，头戴“一米帽”开心上学校的图片。（2020年5月9日《人民日报》）|近日，北京市的小学低年级学生即将开学，不由得让人想起此前某些小学和幼儿园开学时，小朋友们为了保持距离戴上了有两个长长耳朵的“一米帽”。（2020年6月12日《北京青年报》）

【一证通考】 yīzhèng tōngkǎo 申请人可以持本人居民身份证在全国范围内任一地市直接申领小型汽车驾驶证（C1、C2、C5），不再需要提交居住证或居住登记凭证等证件的改革措施。例驾照全国“一证通考”，直接让居民驾考之路更加便捷、通畅，不再需要为居住证明来回多跑路。（2019年4月11日《新京报》）|6月1日，小型汽车驾驶证全国“一证通考”、异地分科目考试、车辆转籍信息网上转递等交管“放管服”改革10项便民利民措施全面启动推行。（2019年6月2日《北京晚报》）

【以禁代治】 yǐjìndàizhì 指在农村环境保护中简单粗暴地采取禁养、禁种等措施，以代替污染治理的行为。例这些都是典型的“以禁代治”的懒政行为，将农民的利益和生态环境对立起来，完全不符合乡村振兴的要求。（2019年1月23日中国社会科学网）|农村地区和城市郊区因为畜禽带来污染问题也亟待排查和治理，但“以禁代治”真的能够一劳永逸地解决农村环境问题吗？（2019年7月2日《新京报》）

知识窗 相关词语

【以买代帮】 yǐmǎidàibāng 帮助贫困群众销售农副产品以增加收入、实现脱贫的扶贫政策。例“内江农特产品展示体验中心”,与“互联网+产业扶贫+消费扶贫”电商平台一起,构成“以买代帮”电子商务服务体系。(2019 年 4 月 19 日《内江日报》)|一些单位在帮扶实践中,通过“以买代帮”——购买贫困地区农产品的形式,使得贫困地区产业的供求矛盾得到有效化解。(2019 年 11 月 14 日《昆明日报》)

【疫后综合征】 yìhòu zōnghézhēng 指新冠肺炎疫情之后产生的生理或精神问题。例要高度重视化解可能出现的“疫后综合征”,继续做好治愈患者康复和心理疏导工作以及病亡者家属抚慰工作。(2020 年 5 月 25 日《新京报》)|引导学生树立正确价值观,科学应对“疫后综合征”,扎实做好心理疏导。(2020 年 8 月 27 日《北京日报》)

【疫考】 yìkǎo 名词。特指新冠肺炎疫情期间所面临的种种考验。例武汉三中家长孙国辉,高举国旗迎接女儿。他说,每个人心中都有一面国旗,经过这场“疫考”的洗礼,孩子应该有更为深刻的记忆。(2020 年 7 月 8 日《长江日报》)|2020 年,从抗击新冠肺炎疫情展现“浙江速度”,到首次三级公立医院绩效考核取得较好成绩,无论是“疫考”还是“国考”,浙江都交上了漂亮答卷。(2020 年 9 月 13 日《钱江晚报》)

【疫情防控行程卡】 yìqíng fángkòng xíngchéngkǎ 国务院客户端小程序的一个功能。由中国信息通信研究院联合中国电信、电国移动、中国联通三大运营商推出,可通过通信大数据,一键查询 14 天内到访国家(地区)和驻留超过 4 小时的国内城市。又称“通信大数据行程卡”。[例]在宽厚里商业街区、世茂广场入口、辖区闭环外围卡口、辖区酒店等统一推行“疫情防控行程卡”小程序，只需一扫就可查清进出人员14天内到访的国家和国内城市，实现商圈街区、居民区的严格管控。（2020年3月8日山东频道《山东各地》）｜电话预约的人员，凭预约电话并通过“北京健康宝”或“疫情防控行程卡”或社区出入证等验证，体温检测正常者入园。（2020年4月3日《北京晚报》）

【应检尽检】 yīngjiǎn jìnjiǎn　新冠肺炎疫情期间特指应该进行核酸检测的人员要全部进行检测。应该检测的人员包括：密切接触者、境外入境人员、发热门诊患者、新住院患者及陪护人员、医疗机构工作人员、口岸检疫和边防检查人员、监所工作人员、社会福利养老机构工作人员。[例]对确诊患者应收尽收，对疑似患者应检尽检，对密切接触者应隔尽隔，决不能留下任何死角和空白。（2020年2月24日《中国青年报》）｜在强化疫情监测和信息报告方面，会议要求适当扩大“应检尽检”核酸检测范围，做好发热门诊病例排查、报告和转诊。（2020年11月24日《经济日报》）

【应接尽接】 yīngjiē jìnjiē　新冠肺炎疫情期间特指凡是符合条件接种新冠疫苗者要全部进行接种。[例]记者从发布会上了解到，将会有更多的疫苗投入使用，符合条件的群众都能实现“应接尽接”，阻断新冠病毒在国内的传播。（2020年12月22日《中国青年报》）｜目前，我国免疫规划专家咨询委员会已经制定了统一的接种方案，将通过有序开展接种，使符合条件的群众都能够实现“应接尽接”。（2020年12月

31 日《新民晚报》)

【庸伞】 yōngsǎn 名词。指对黑恶势力监管不力、失职渎职、不担当不作为，实际上充当其保护伞的国家公职人员。[例]要聚焦打“伞”破“网”，完善深挖“保护伞”机制，加强纪委监委与政法机关协作配合，坚决查处一批“官伞”“警伞”“庸伞”。(2019 年 1 月 23 日《吉林日报》)｜要弘扬督导组的担当精神，坚持深挖根治不停步，揭开盖子、挖出根子、撕开口子，彻查各种“官伞”“警伞”“庸伞”。(2019 年 11 月 30 日《法制日报》)

📖 2018 年 1 月，中共中央、国务院发出《关于开展扫黑除恶专项斗争的通知》。2019 年 3 月 27 日，中央扫黑除恶第二轮、第三轮督导工作动员培训班在京开班，会上指出要把打伞破网作为督导主攻方向，确保线索没见底不罢休、案件没查透不放手，推动各地打掉“官伞”“警伞”“庸伞”。

【雨女无瓜】 yǔ nǚ wúguā 网络用语。“与你无关”的谐音，是普通话不标准、带有方言腔的表达。通常用于调侃。[例]最近几个月，少儿剧《巴啦啦小魔仙》里游乐王子的一口古怪的“塑料普通话”被人们挖掘出来，其中他的台词“要你管”和“与你无关”读音变成了“要你寡”和“雨女无瓜”，这些词如病毒一般传遍了各个社交媒体和视频网站的留言和弹幕中。(2019 年 6 月 28 日《新京报》)

【玉兔二号】 Yùtù Èrhào 嫦娥四号任务月球车。2019 年 1 月 3 日 22 时 22 分，玉兔二号完成与嫦娥四号着陆器的分离，驶抵月球背面。因玉兔善良、纯洁、敏捷的形象与月球车的构造、使命既形似又神似，反映了我国和平利用太空的立场，故称。例嫦娥四号任务月球车全球征名活动于今天揭晓，月球车命名为“玉兔二号”。（2019 年 1 月 4 日《中国青年报》）｜在休眠前，“玉兔二号”已累计在月球背面行驶 271 米，不断刷新我国月球车在月面上的行驶纪录。（2019 年 8 月 8 日搜狐网）

【育新机】 yù xīnjī　“危机中孕育新的机遇”的简缩。习近平在看望参加全国政协十三届三次会议的经济界委员时提出：“努力在危机中育新机、于变局中开新局”。例做好较长时间应对外部环境变化的思想准备和工作准备，在危机中育新机，在变局中开新局。（2020 年 5 月 28 日《中国青年报》）｜增强供给体系对国内需求的适配性，全面开拓新发展阶段中“育新机”“开新局”的新优势和新路向。（2020 年 9 月 16 日《经济日报》）

【院转网】 yuàn zhuǎn wǎng　因受新冠肺炎疫情影响，电影由院线独家、首家上映转为网络独家、首家播映。例 2020 年，以《囧妈》为代表的院线电影转向网络独家、首家播映，也就是“院转网”。（2020 年 6 月 24 日《光明日报》）｜春节档影片《囧妈》选择“院转网”在当时受到不少争议，甚至有院线方表示今后会抵制徐峥的其他电影，徐峥当时并没有做出太多的解释。（2020 年 8 月 14 日《新京报》）

【月欠族】 yuèqiànzú　名词。网络用语。指没到月底就把钱全部花光并透支消费的人。例“月欠族”对待金钱、消费的不健康态度其实也是价值观、世界观的体现。适当消费、追求高品质生活本来没错，但凡事皆有度，过犹不及。(2019 年 2 月 20 日《北京青年报》)｜该报告显示，至少有七成小镇青年属于“月光族”，三成多小镇青年入不敷出，成为“月欠族”，还有超过两成的小镇青年承认自己“有很多贷款消费，还款压力大”。(2019 年 3 月 14 日《中国青年报》)

H族　仌族　蚁族　円族　弄族　斑马族　半漂族　奔奔族　蛋壳族　低碳族　低头族　海淘族　啃老族　乐活族　乐淘族　裸婚族　慢活族　穷游族　日光族　蚁居族　月光族

【粤康码】　yuèkāngmǎ　名词。广东省健康码的名称。例 梅县区以行政服务中心为试点，正式启用“粤康码”，帮助提高公共场所防疫检查工作效率。(2020 年 3 月 9 日《南方日报》)｜前不久，一位从外地回珠海的人员出具“粤康码”，系统立即从她的身份信息关联到出行路径、搭乘的交通工具等，反馈该人员是潜在密切接触者。(2020 年 3 月 9 日人民网)

相关词语见“红码”。

【*云】　yún　形容词。网络的；线上的。例 在这个非常时期，线下见面殊为不易，于是，出现了各种各样的“云”：与朋友打开摄像头“云喝酒”“云喝茶”，公司的“云办公”，学校的“云课堂”。(2020 年 2 月 20 日《中国青年报》)｜5 月 23 日，人民网大型线上对话节目《两会云客厅》正式开播，反响热烈。栏目利用 5G 低延迟、高画质、强互动的技术手段搭建虚拟演播厅，实现主持人与受邀代表委员的线上“云”交谈。(2020 年 5 月 24 日《人民日报》)

*云巴 云端 *云会 云降 *云课 云盘 *云聘 *云签 云商 *云赏 *云游 云安全 云霸权 云拜年 云办公 云备份 云播放 云博会 *云打卡 云打印 *云代驾 *云法庭 云翻译 *云峰会 云服务 *云复工 *云观展 *云合奏 *云会议 *云祭祀 *云监工 *云经济 *云聚会 云课堂 *云库链 *云快闪 *云离婚 *云录制 云媒体 云农场 云时代 云搜索 *云外交 *云文化 *云养妈 云治理

【云巴】 yúnbā 名词。一种搭载了无人驾驶系统的小运量胶轮高架有轨电车。也被形象地称为“行驶在高架上的电动大巴”。例 去年深圳开展云轨、云巴、智轨等新型中小运量试点方案研究，在全国率先启动智慧出行的服务项目。（2019 年 1 月 30 日《南方日报》）｜画面中穿梭的空中列车，正是来自深圳市坪山区的新能源企业比亚迪股份有限公司自主研发的中小运量轨道交通产品云轨和云巴。（2019 年 3 月 1 日《经济日报》）

 相关词语见“云”。

【云毕业照】 yún bìyèzhào 因疫情防控要求不能返校或不能集中返校，利用图像处理软件或人脸识别技术将毕业生的头像合成在背景图片上的照片。例 从实景式的毕业照换成了“云毕业照”，变化的是形式，不变的是毕业纪念。（2020 年 5 月 8 日《南方日报》）｜今年毕业生尽管不能在现

实中相聚合影，但用创意和有趣的线上云毕业照的形式弥补了缺失的仪式感。（2020 年 6 月 5 日《北京青年报》）

相关词语见“云”。

【云打卡】 yúndǎkǎ 动词。❶用户在移动网络端完成线上考勤签到。例演员们都在积极做准备，每天都在家里练功，还要在微信群里视频“云打卡”。（2020 年 3 月 9 日《光明日报》）❷用户通过图文、短视频、直播等多媒体实现在线参观体验。例疫情期间，线上买菜、外卖跑腿服务、“云打卡”网红店、无接触配送等成为消费者刚需。（2020 年 3 月 26 日《新民晚报》）

相关词语见“云”。

【云代驾】 yúndàijià 名词。指运用 5G 技术的代驾服务。远程控制中心的安全操作员可以一对多地远程协助无人驾驶车辆处理突发情况。例“5G 云代驾”意味着车上可以没有安全员，因为我们在云端配置了安全员，可以帮助车辆脱困。（2020 年 9 月 16 日人民网）| 这款车是国内首款满足无人化运营需求的 L4 级自动驾驶的前装量产车，还可以提供“5G 云代驾”这一无人化新服务。（2020 年 9 月 18 日《北京青年报》）

相关词语见“云”。

【云法庭】 yúnfǎtíng 名词。指具有在线立案、庭审、调解和执行等功能的互联网庭审系统。例双方当事人通过“云法庭”核实庭审笔录，并在手机上签字确认，自动回传至“云法庭”。（2020 年 2 月 19 日《北京晚报》）| 近日，北京朝阳区

法院法官通过“云法庭”在线调解，结合当事人受疫情影响的实际，积极引导双方共渡难关。（2020年7月16日《人民日报》）

相关词语见“云”。

【云峰会】 yúnfēnghuì 名词。利用网络即时通信工具召开的远程高峰会议。也称“云端峰会”。例 作为2020年中国·廊坊国际经济贸易洽谈会重要板块，2020固安首场城市招商全网推介暨重大项目集中签约、2020全球显示产业春季行业趋势发布会、2020固安首届中国航天产业云峰会等系列活动拉开帷幕，聚焦“固安科创城市 全新开放共赢”主题。（2020年5月24日《人民日报》）

相关词语见“云”。

【云复工】 yúnfùgōng 动词。特指新冠肺炎疫情期间停工后通过线上的方式恢复工作。也叫“线上复工”。例 疫情防控让餐饮等线下消费门可罗雀，万千商家转战线上，实现“云复工”。（2020年2月20日《南方日报》）｜淘宝鼓励线下商家把自己的店员也免费注册成为淘宝主播，让每一个人都能线上云复工。（2020年2月22日《经济日报》）

相关词语见“云”。

【云观展】 yúnguānzhǎn 动词。通过互联网，在线上观看展览。例 江西省博物馆推出新年大礼包和“农历鼠年中国博物馆大事记”，进行疫情防护宣传，并以数字展览、数字导览、电子书、广播等线上方式呈现重点展品，让观众宅在家里享受云观展、云刷馆。（2020年2月7日《人民日报》）

相关词语见“云”。

【云合奏】 yúnhézòu 动词。一种音乐表演形式。将每个人的演奏视频，通过远程合成达到多人合奏的效果。例 在新冠病毒肆虐全球的危急时刻，相距万里之遥的中国和埃及音乐家们，以独出心裁的“云合奏”方式，联袂演绎世界闻名的《凯旋进行曲》，用慷慨轩昂、象征胜利的交响乐激励人们沉着勇敢面对困境，乐观迎接战胜疫情的曙光。（2020 年 5 月 7 日中国青年网）｜受疫情影响，“云合奏”成为音乐表演的一种新形式。一个月前，郎朗、吕思清等 46 位中国顶级音乐家跨屏合作，用手机完成了拍摄录制，合成了一场振奋人心的云合奏。（2020 年 6 月 10 日《浙江日报》）

相关词语见“云”。

【云会】 yúnhuì 名词。指通过互联网召开的线上会议。也称“云会议”。例 通过与抖音、快手等直播平台共同打造直播云会，石狮国际商贸城、石狮国际食品城等十几个分会场同时举办活动，累计关注浏览量超过 8.5 亿人次。（2020 年 5 月 20 日《人民日报》）｜“正月十八乐购会”在推迟了一段时间后，也以“云会”的形式恢复举行。（2020 年 6 月 9 日《新民晚报》）

相关词语见“云”。

【云祭祀】 yúnjìsì 动词。通过网上祭祀平台模拟现实祭祀行为祭奠先人、表达哀思。也叫“网上祭祀”。例 当地民政部门发出倡议，呼吁市民为了自己和他人的生命安全和身体健康，选择“云祭祀”等文明祭祀方式。（2020 年 3 月 19

日人民网）| 纪念孔子诞辰 2571 周年的祭祀典礼采取“云祭祀”的方式，通过技术手段，整合传播往年的南孔祭典视频资料，呈现祭祀典礼的全过程。（2020 年 9 月 29 日《衢州日报》）

 相关词语见“云”。

【云监工】 yúnjiāngōng ❶动词。通过互联网在线上监督现场工作的进度和质量。例 2 月 8 日，数千万网友“云监工”的雷神山医院正式启用。（2020 年 2 月 23 日《人民日报》）❷名词。通过互联网在线上监督现场工作进度和质量的人。例 在施工过程中，数以千万的网友透过网络直播成为“云监工”。（2020 年 2 月 6 日《人民日报》）

 相关词语见“云”。

【云经济】 yúnjīngjì 名词。通过互联网在线上进行生产经营活动的经济模式。例 疫情期间，各种基于互联网的学习、工作和生活方式纷纷涌现，“云经济”方兴未艾。（2020 年 4 月 1 日《人民日报》）| 疫情严重期间，“云购物”“云娱乐”“云旅游”等各类“云经济”逆势崛起，成为保障居民生活休闲、文化娱乐、寻医问诊等各方面需求的重要力量。（2020 年 6 月 12 日《经济日报》）

 相关词语见“云”。

【云聚会】 yúnjùhuì 名词。通过网络视频会议在线上举行的聚会。例 春节期间，人们积极响应政府疫情

防控的号召，线上拜年、云聚会、春节视频分享等活动成为主要娱乐互动方式。（2020 年 2 月 8 日人民网）｜受疫情影响，原定于大年初五举办的同学会，将通过云聚会的形式照常举行，望各位同学届时自备酒菜、检查网络，准时在此群中报到。（2020 年 3 月 8 日腾讯网）

相关词语见“云”。

【云课】 yúnkè　名词。通过网络教学平台进行的远程教育课程。例 华中科大团委联合北京大学、复旦大学、西安交通大学、兰州大学五所高校相关单位组织开设“战疫云宣讲，青年有担当”网上云课。（2020 年 4 月 17 日《中国青年报》）｜东团组织将培养一批能够用“青年语言”解读全会精神的宣传员，线上制作推出系列主题云课、云宣讲。（2020 年 11 月 27 日《中国青年报》）

相关词语见“云”。

【云库链】 yúnkùliàn　名词。“云计算、分布式数据库、区块链”的合称。例 新金融的架构则是数字时代的分布式思想，未来以云计算、分布式数据库和区块链为代表的“云库链”会成为支撑新金融的核心技术。（2020 年 9 月 25 日《华夏时报》）｜云和链，正成为新金融的基础设施部分。同样，分布式数据库也一样，分布式数据库加上我们的技术，为整个数据的处理、实时计算、智能化的决策提供一个非常强大的支撑基础。“云库链”会成为新金融非常重要的基础要件。（2020 年 10 月 25 日搜狐网）

相关词语见“云”。

【云快闪】 yúnkuàishǎn 动词。通过互联网在线上进行的快闪表演。快闪是一种短暂的行为艺术，指许多人在指定地点、时间出人意料地同时做一系列指定的歌舞或其他行为，然后迅速离开。例 今年遇到疫情，但我们依然没有停下脚步，采用“云快闪”的方式进行这场大家期待的约定俗成的仪式。（2020 年 9 月 30 日《新民晚报》）｜征集令！爱拍短视频的江门人注意啦！“云快闪”等你来参与！（2020 年 12 月 28 日新浪网）

相关词语见“云”。

【云离婚】 yúnlíhūn 名词。通过互联网在线上办理离婚手续。例 7 月 15 日，据知情人士透露，董璇与高云翔两人已离婚。两人的离婚方式相当新颖，高云翔并未出席，而是远在澳洲通过视频通话“云离婚”。（2019 年 7 月 17 日《现代快报》）｜7 月 31 日，山西鼎信泽律师事务所律师张建华在接受山西晚报记者采访时表示：“如果是诉讼离婚，‘云离婚’的方式其实是可行的，因为民诉法规定离婚案件中当事人确因特殊情况无法出庭的，应当提交书面意见。”（2019 年 8 月 6 日《山西晚报》）

相关词语见“云”。

【云录制】 yúnlùzhì 动词。不是在现场，而是通过视频设备连线交流进行节目录制。例 采用“云录制”模式，节目嘉宾、观众、节目工作人员虽然“天各一方”，但可以在虚拟的空间中一起工作，共同完成节目创作。（2020 年 3 月 4 日《光明日报》）｜疫情打乱节目录制和演播的正常程序，为应对这一变化，节目组探索和创造出台网联动的新方式，通过网络与分布在多地的歌手连线录制，由 500 位大众评审定点在线观看演唱并即时投票，从而完成节目的“云录制”。（2020 年 3 月 12 日《人民日报》）

 相关词语见“云”。

【云聘】 yúnpìn 动词。通过互联网在线上招聘。例 本次招聘系列活动口号为“寻梦岭南、智聚佛山”，以“线上云聘＋线下洽谈＋视频精品＋体验营活动”互动融合的模式进行，活动将持续至 2021 年 12 月底。（2020 年 11 月 10 日《南方日报》）

 相关词语见“云”。

【云签】 yúnqiān 动词。通过互联网在线上签约。也称“云签约”。例 1 块屏幕、近百个分会场、200 多名戴口罩的签约官将曾经的“面对面”签约改为“屏对屏”云签，将“现场”变成“云端”，真正实现“天涯若比邻”。（2020 年 4 月 29 日《人民日报》）｜按揭贷款面签变“云签”——购房贷款线上办，你会用吗（2020 年 7 月 20 日《经济日报》）

 相关词语见“云”。

【云赏】 yúnshǎng 动词。通过网络直播、虚拟现实（VR）等方式进行观赏。也称“云观赏”。例 就像今天，在大家不能回母校赏樱的特殊日子里，她拍了落樱邀我们“云赏”。

(2020 年 4 月 27 日《人民日报》)｜9 月 25 日开展的“园说 2——颐和园建园 270 周年文物特展”，“北青后台文化直播”将以从展品穿越回颐和园中实景的方式，带领大家一起来“云赏”特展。(2020 年 9 月 24 日《北京青年报》)

相关词语见“云”。

【云外交】 yúnwàijiāo　名词。不是面对面交流，而主要通过互联网在线上进行的外交活动。例疫情为各国交往按下了“暂停键”，但中国外交并没有止步，开启了以电话、书信、视频为主渠道的“云外交”模式。(2020 年 5 月 25 日《北京晚报》)｜随着疫情形势的变化，我们将继续采取线上线下相结合、云外交和实体访问相促进的方式，同各方开展正常交往合作。(2020 年 9 月 17 日《光明日报》)

相关词语见“云”。

【云文化】 yúnwénhuà　名词。通过互联网在线上开展的文化活动。例持续的疫情，使“互联网 +”打造的“云文化”加速进入了大众的生活。春节期间，随着各地博物馆相继被迫闭馆，线上展览成了博物馆展示的唯一途径。(2020 年 3 月 15 日《光明日报》)｜在疫情严峻时期，梅州各大文化场馆纷纷闭馆，但梅州人的文化生活并没有“打烊”，开启了精彩的“云文化”模式。(2020 年 5 月 13 日《南方日报》)

相关词语见“云”。

【云养妈】 yúnyǎngmā　动词。生活在外地的年轻人通过互联网陪伴母亲，实现远程表孝心的行为。例 这其中有不少就是属于“云养妈”人群，我们也非常希望能够帮助用户起到

陪伴老人的作用。(2019 年 7 月 12 日《中国青年报》)|“云养妈”不是把妈妈晾在“云上”,着眼点还是在“养”,既关心妈妈们的情感诉求,也关心她们的身体健康。(2019 年 10 月 11 日人民网)

相关词语见“云”。

【*云游】 yúnyóu 动词。原指到处遨游,行踪无定。现指通过网络直播、虚拟现实(VR)等进行线上游览。例 疫情期间,开展“云游”的大多数博物馆采取的是实地讲解直播。(2020 年 3 月 10 日《中国青年报》)| 3 月 14 日,大埔县博物馆也采用直播的方式,满足公众文化需求,提供“云游”体验,让群众足不出户欣赏珍贵文物。(2020 年 5 月 13 日《南方日报》)

相关词语见“云”。

Z

【*在家办公】 zàijiā bàngōng 居家办公。新冠肺炎疫情期间特指因防控需要人在家里通过互联网处理工作事务。例 2019 年 2 月起中国全员(内地、香港及澳门等地)正式全面落实在家办公制度。(2019 年 1 月 7 日搜狐网)| 不少企业也将在家办公视作企业转型的一次契机。(2020 年 2 月 7 日新华社新媒体)

【在线新经济】 zàixiàn xīnjīngjì 借助数字化平台或工具开展生产经营的经济模式。2020 年上海市出台《上海市促进在线新经济发展行动方案(2020—2022 年)》,先行试点。例论坛上,长宁区发布了上海首个"在线新经济白皮书",推出支持在线新经济发展的"长宁新十条"。(2020 年 10 月 14 日《新民晚报》)

【在线学习服务师】 zàixiàn xuéxí fúwùshī 运用数字化学习平台或工具,为学习者提供学习规划、学习指导和评价反馈等服务的人员。2020 年 7 月 6 日,人社部联合国家市场监管总局、国家统计局发布 9 个新职业,在线学习服务师是其中之一。例从"电商主播""带货网红"到"互联网营销师",从"线上辅导""网课老师"到"在线学习服务师",新职业的诞生,也为每个人打开新的筑梦空间。(2020 年 8 月 17 日《人民日报》)|在线学习服务师是在新技术和教育形态发展背景下产生的一种新型服务形态。(2020 年 8 月 20 日央广网)

【吒男吒女】 zhānán zhānǚ 网络用语。指喜欢电影《哪吒之魔童降世》的男男女女。国产动画电影《哪吒之魔童降世》在 2019 年 7 月上映,这部电影上映后短时间内就实现票房口碑双丰收。仿"渣男渣女"造词。例哪吒搞笑可爱表情包:你们这群吒男吒女们!(2019 年 7 月 30 日百家号)|吒男吒女们,黑米学长给你们送电影票了!(2019 年 8 月 2 日搜狐网)

【宅心人厚】 zháixīn rénhòu 成语"宅心仁厚"的谐音。指长期宅在家的人体态臃肿,多用于调侃。例"宅心人厚"这

词语有意思，感觉就是我们肥宅的真实写照。(2019 年 5 月 26 日搜狐网) | 过节更要严格自律，不要让自己"宅心人厚"(2019 年 9 月 13 日新浪网)

【*战狼】 zhànláng 名词。原指吴京于 2015 年开始执导并主演的系列电影，现指与电影中人物类似的爱国为民、舍己为人、骁勇坚定的人。例民警黎倍君两次远赴海外执勤，展示了南海公安良好形象，被网民亲切称为佛山"战狼"。(2019 年 1 月 25 日《南方日报》) | 吴勇的军旅人生也似战狼一般，从不退缩，无所畏惧，誓死拼杀。(2019 年 10 月 31 日《经济日报》)

【战贫】 zhànpín 动词。打赢脱贫攻坚战，消除贫困。例战"疫"不能松，战贫不能等。(2020 年 5 月 20 日《南方日报》) | 今年是战疫、战洪、战贫的特殊之年，抓好秋粮收购工作，确保颗粒归仓，对于保证农民增收和保障国家粮食安全意义重大。(2020 年 10 月 28 日《经济日报》)

【战疫】 zhànyì 动词。抗击新冠肺炎疫情。例浙江省"我的战疫故事"先进事迹巡回报告省直机关专场活动今天在杭州举行。(2020 年 11 月 16 日《中国青年报》) | 在省委、省政府的坚强领导下，三湘儿女同心战疫，在不同战场上书写着可歌可泣的战疫故事。(2020 年 12 月 1 日搜狐网)

【战疫语言服务团】 zhànyì yǔyán fúwùtuán 新冠肺炎疫情期间由专家学者组成的帮助外地援鄂医疗队解决医患沟通方言障碍问题的服务团体。例教育部指导北京语言大学、武汉大学等单位，成立了 40 余人的"战疫语言服务团"，服务团已遴选了 156 个词和 75 个短句，完成了武汉、襄阳

等湖北当地九市的方言和普通话对齐音频。(2020 年 2 月 13 日《北京日报》)| 在教育部、国家语委的指导下,北京语言大学、武汉大学、华中师范大学、清华大学等高校和相关单位的专家学者组成“战疫语言服务团”,研制了《抗击疫情湖北方言通》,为抗击疫情的医护人员及相关群体提供多维度语言服务。(2020 年 3 月 6 日教育部网站)

【折叠屏】 zhédiépíng 名词。指可以向内或者向外折叠的屏幕。这种屏幕可以在小尺寸和大尺寸两种状态中转换。例 折叠屏不再局限于手机,PC 和电视也开始引入这一技术,未来还将应用于更多的产品类别,这就成为折叠屏受热捧的驱动。(2019 年 11 月 18 日《北京商报》)| 2 月底,折叠屏手机在 MWC 世界移动通讯展会上面世,搭载进入可用化阶段的柔性屏幕,包括三星和华为在内的手机厂商纷纷发布了自家的折叠屏手机。(2019 年 12 月 27 日环球网)

 相关词语见“光影屏”。

【*震中】 zhènzhōng 名词。原指地震的震源在地表的投影点。现也指新冠肺炎疫情中确诊病例数最多、增加最快,损失最严重的地区。例 世界卫生组织总干事谭德塞 13 日说,欧洲已成为新冠肺炎“大流行”的“震中”。(2020 年 3 月 19 日《中国青年报》)| 全球新冠肺炎确诊病例持续增多,美国纽约正处于“震中”。(2020 年 4 月 17 日《新民晚报》)

【政简易从】 zhèngjiǎn yìcóng 指要坚决把不该管的事项

交给市场，最大限度减少对资源的直接配置，审批事项应减尽减，确需审批的要简化流程和环节，让企业多花时间跑市场、少费工夫跑审批。[例]政简易从是今年《政府工作报告》中的新提法，用以说明简政放权的作用和必要性。（2019 年 4 月 4 日《人民日报》）| 解决导致“不能为”的能力缺陷、人岗错配、权责错位和不堪重负问题，要着重从选拔任用上引导干部争相担当、从政简易从上保证干部聚力担当。（2019 年 6 月 10 日《光明日报》）

【政务处分法】 zhèngwù chǔfèn fǎ 《中华人民共和国公职人员政务处分法》的简称。它是根据《中华人民共和国监察法》制定的旨在加强对所有行使公权力的公职人员的监督，促进公职人员依法履职、秉公用权、廉洁从政从业、坚持道德操守的一部法律。2020 年 6 月 20 日由第十三届全国人大常委会第十九次会议通过，2020 年 7 月 1 日起施行。[例]推进政务处分法、监察官法立法工作是适应深化国家监察体制改革、制定监察法配套法律法规的需要。（2019 年 2 月 26 日《北京日报》）

【政治保健】 zhèngzhì bǎojiàn 指为了保护干部，防止在政治上犯错误、走邪路、违规违纪而采取的积极预防措施。[例]作为党员干部，如果我们平时不注重“政治保健”意识，思想上不接受教育、政治上不接受洗礼、行为上不接受纪律约束，就有可能走上违纪违法的道路。（2019 年 1 月 21 日人民网）| 佳县：树立“政治保健”意识 积极为新任干部打廉政“预防针”（2019 年 12 月 26 日榆林市纪委监察局官网）

【政治三力】 zhèngzhì sānlì “政治判断力、政治领悟力、政治执行力”的合称。2020 年 12 月底习近平总书记在中央政治局民主生活会上提出。例不断强化政治淬炼，努力提升政治三力（2020 年 12 月 28 日搜狐网）｜扛牢“政治三力”心系“国之大者”（2020 年 12 月 29 日安溪新闻网）

【知识产权师】 zhīshí chǎnquán shī 知识产权专业人员的中级职称，也指这个职称系列。例知识产权专业的各级别职称名称分别为“助理知识产权师”“知识产权师”“高级知识产权师”“正高级知识产权师”。（2019 年 6 月 25 日《北京晚报》）

知识窗 2019 年 6 月 17 日，人力资源和社会保障部发布《人力资源社会保障部关于深化经济专业人员职称制度改革的指导意见》，称中国将增设知识产权专业职称，职称名称直接以专业命名。知识产权专业的职称名称为助理知识产权师、知识产权师、高级知识产权师、正高级知识产权师。

【*脂粉】 zhīfěn 名词。网络用语。原指胭脂和香粉。现谐音“职粉”，指职业粉丝，主要指将粉丝这一角色作为职业赚钱的人，他们经常潜伏在粉丝群体里面煽动他人跟风。也称“职粉”。例脂粉主要负责引导粉丝舆论的风向，一般与公司挂钩，拥有较大的话语权。（2019 年 5 月 12 日豆瓣网）｜他们最大的职能便是维护粉圈纪律，有时候一些艺人工作室不方便出头的事情，大多都会交给脂粉去做。（2019 年 6 月 19 日百家号）

相关词语见“妈妈粉”。

【直播带货】 zhíbō dàihuò 一种电商营销模式。通过互联网平台，进行商品展示、咨询、导购等新型服务。例一支话

知识窗
相关词语

筒、一台电脑、一个摄像头，主播不仅可以通过直播吸引粉丝打赏，也可以带货，如今“直播带货”已成为电商平台新的增长点。（2019年5月31日《经济日报》）｜事实上，所谓“直播带货”和传统的电视购物本质是一样的，都是一种营销手段，只不过在新的网络环境下有了新的表现形式。（2019年11月11日《人民日报》）

【职黑】 zhíhēi　名词。“职业黑粉”的简称。指被有偿雇佣的专业黑粉。一些职业黑粉的领头人会拉一些下线，接单后先由粉头编好文案，再通过微信群分发到各个下线手中，双方根据工作量按日结算工资。也称“黑子”。例 面对网络暴力和黑粉攻击，《北京日报》曾点名批评过明星“职黑”的现象。（2019年5月29日腾讯网）｜7月8日，自2月27日以来历经4个多月的肖战事件仿佛迎来了大结局，主要原因是《检察日报》发表了一篇对网络职黑的打击和净化网络空气的文章。（2020年7月9日网易网）

【止暴制乱】 zhǐbào-zhìluàn　停止暴力，制止混乱。修例风波发生后，中央政府对香港局势的基本立场和坚定态度，也为当时香港工作指明了方向和路径。例 近日来，数名全国青联委员针对香港问题发声，纷纷表示只有止暴制乱，香港才有未来。（2019年8月27日《中国青年报》）｜大家一致认为，尽快止暴制乱，还香港一个风清气正、繁荣和谐的环境。（2019年8月30日《光明日报》）

【纸面服刑】 zhǐmiàn fúxíng 指犯人仅在书面上执行法律判决，实际上没有在监狱中服刑。例“纸面服刑”反映出来的监管漏洞，更值得我们深思。（2020 年 9 月 12 日《中国青年报》）｜这样的“纸面服刑”并非个例，不久前，媒体曝出了另一起“纸面服刑”案。（2020 年 9 月 18 日《北京青年报》）

【指尖负担】 zhǐjiān fùdān 指网民因在手机移动端下载大量应用程序或阅读大量信息、回复大量微信等而产生的负担。例如今，减轻“指尖负担”也是民生问题！各行业、各行政事业系统都应有 APP 建设的统一制度设计。（2019 年 8 月 16 日《北京青年报》）｜减轻 APP 泛滥造成的“指尖负担”，需要各部门加强统筹规划，打破部门壁垒，加大信息共享力度。（2019 年 8 月 30 日《经济日报》）

【指尖种地】 zhǐjiān zhòngdì 指农业生产中引进智能型农机，农民只需用手指在键盘上远程操作，即可进行生产活动。例新农具热起来，“指尖种地”带动科学种田。（2020 年 3 月 30 日《人民日报》）｜新冠肺炎疫情防控期间，“指尖种地”热起来。“现在种地像网上约车那样方便。”南轮城村种粮大户张立中感叹，“托管服务能‘点菜’，也能‘包席’，代耕、代种、代收，每亩全托管费用不到 300 元，省钱省心，这钱花得值！”（2020 年 7 月 3 日《人民日报》）

【智管云】 zhìguǎnyún 名词。一种集视频监控、隐患排查、数据分析为一体的安全管理系统。例这套“智管云”系统好

比项目安全生产的“金钟罩”，不仅能够实时查看现场监控视频，还可以实现安全隐患整改即时办公。（2019 年 6 月 1 日《经济日报》）｜现在依靠“智管云”，随时随地能看到数据结果，实现了动态化、智能化、模式化安全管理。（2019 年 6 月 12 日《人民日报》）

【智慧屏】 zhìhuìpíng 名词。华为荣耀推出的一款电视，相对传统电视搭载了鸿蒙 OS、增加了带有人工智能（AI）的新功能，打破了传统电视行业的边界，标志着大屏行业将从传统电视时代进入智慧屏时代。同 Redmi 的智慧电视、TCL 的 XESS 智屏类似。例昨日，荣耀发布“智慧屏”系列产品，这也是首款搭载华为鸿蒙 OS 操作系统的产品。（2019 年 8 月 11 日《北京青年报》）｜华为拥有丰富的技术与能力储备，同时也愿意与产业伙伴一起，共同推动智慧屏产业标准的建设和推广，全面开启智慧屏新时代。（2019 年 11 月 19 日《经济日报》）

相关词语见“光影屏”。

【智治】 zhìzhì 名词。基于大数据、云计算、人工智能等的智慧化社会治理。例应充分发挥政治、法治、德治、自治、智治作用，加快推进社会治理方式现代化。（2019 年 5 月 21 日《人民日报》）｜以“智治”为引擎，着力创新“AI + 视频”社会治理应用系统，是坪山在探索社会治理现代化中的另一个秘诀。（2019 年 8 月 14 日《南方日报》）

【智治力】 zhìzhìlì 名词。指利用新型智能技术提升治理效能，不断创新的城市治理能力。仿“自制力”造词。例“智治力”的核心是注重“合”。智慧城市建设就像划船，需要政府、市民、企业等各方力量同舟共济，心往一处想，力往一处使。(2020年7月2日东方网)｜提升城市“智治力”，既要“无人”的智能，也要“有人”的智慧。(2020年7月29日《新民晚报》)

【中产老母】 zhōngchǎn lǎo mǔ 指常居一、二线城市，在子女教育、职场生存和家庭生活等方面压力大，有一定经济基础和能力的中年女性。又称“中产老母亲”。例别人家学了的，我们家也学。不掉队，不落伍，成了中产老母们获得踏实感的最强途径。(2019年3月25日腾讯网)｜“中产老母”已成为中国中产女性最庞大的代表群。各式培训班、夏令营再加上学区房……她们每天都在为拉动经济默默做着贡献而不自知。(2019年5月9日经济观察网)

📖 2019年，唯品会、艾瑞咨询联合发布《2019中国中产女性消费报告》，对中产女性进行进一步的精准划分，从认知、渠道、自我、阶层和精神五个方面指出了中产女性的消费趋势。该报告首次提到“中产老母亲”一词。

【中国人民警察节】 Zhōngguó Rénmín Jǐngchá Jié 在国家层面为中国人民警察队伍设立的节日。2020年7月21日，《国务院关于同意设立“中国人民警察节”的批复》发布，自2021年起，将每年1月10日设立为“中国人民警察节”。例在“中国人民警察节”设立之际，致敬担当奉献，更要牢记职责使命。(2020年8月3日《人民日报》)｜按照通知部署，中央宣传部、公安部将综合各地推荐、“云”展示和网络点赞、专家评审等情况，遴选确定20位“最美基层民警”，于2021年首个“中国人民警察节”期间向全社会宣传发布。

(2020年11月13日《经济日报》)

【种草经济】 zhòngcǎo jīngjì 通过推荐以诱导他人购买某商品的经济形态。例"种草经济"本质上仍是一种注意力经济，是"网红经济"的进一步延伸，是在媒介碎片化的背景下，"网红"分解为各领域"博主""达人"的自发性结果。(2019年5月23日《南方日报》)｜明星和种草经济下，契合的明星和红人最具说服力。(2019年8月20日中青在线)

【主页劫持】 zhǔyè jiéchí 指用户设置的主页网址在用户不知情时，被强行篡改为其他网址，当用户打开浏览器后，显示的页面变成劫持者设置的页面。例不必讳言，"主页劫持"的背后是"主业劫持"。也不仅仅是"主页劫持"，互联网上还存在很多司空见惯却又无可奈何的"毒瘤"，从本质上讲，都源于一种"主业劫持"。(2019年5月27日《北京青年报》)｜主页劫持使用的技术非常多，包括嵌入恶意的浏览器前端代码、利用被访问网站自身漏洞进行跨站脚本攻击，甚至可以通过劫持DNS域名进行主页劫持，目前还没有技术手段可以完全根治。(2019年6月2日《人民日报》)

📖 2019年5月13日，《人民日报》科技版推出题为《上网被"劫持"，问题出在哪儿》的整版报道，就"浏览器主页劫持""流量劫持"等问题进行了深度剖析，并提出了解决问题的思路。报道刊发后，网站广泛转载，网民纷纷点赞，多家媒体刊发评论。大家普遍认为，"浏览器主页劫持""流量劫持"侵犯网民权益，危害公共安全，呼吁有关部门下大力气整顿，消除这一网络顽疾。

【自闭式单身】 zìbìshì dānshēn 网络用语。指渴望谈恋爱却把自己封闭起来，不愿意接触新朋友的单身男女。例自闭式单身会注定孤独终老吗？只是还没找到自己，如何去找另一半(2019年6月3日搜狐网)｜“自闭式单身”，其实从字面上也不难理解。即很多人对恋爱是渴望的，也希望能拾获像小说或电视剧中那样美好的爱情，只是却将自己围困在了自己的小天地中，不肯走出去认识新的人。(2019年6月15日搜狐网)

【自鸽选手】 zìgē xuǎnshǒu　网络用语。指自己连自己的约定或承诺都难以实现的人。因自己放自己的鸽子，故称。例说好了回家就洗澡，三个小时后连衣服都没脱；买好了面包和牛奶计划做第二天的早餐，但第二天起床：我饭呢？自鸽选手根本轮不到别人放他鸽子，自己就把自己骗得心服口服。(2019年3月18日《都市热报》)｜说白了，自鸽选手就是一种具有严重拖延症的人。(2019年8月8日搜狐网)

【自救式消费】 zìjiùshì xiāofèi　指喜欢用花钱消费来缓解压力，奖励自己。例真正的“自救式消费”应该是适合自己的合理消费，而不是盲目消费。(2019年1月22日人民网)｜大多年轻人仍然对“这月买下月还”的消费方式，表现出过多的依赖性，甚至产生了“自救式消费”“账单式脱贫”的调侃。(2019年2月22日《中国青年报》百家号)

【自杀式单身】 zìshāshì dānshēn　期待能够拥有爱情的状态却不拓展社交圈的单身男女。因这类人对待恋爱采取非常消极的态度，主动削弱交际的欲望，类似“自杀”，故称。例“自杀式单身”的关键问题，其实就是两点：不主动，爱幻想。(2019年1月12日新浪网)｜此前，已有“自杀式单身”

"被动式单身"之类的说法,单身群体的自嘲与外界对他们的质疑,似乎成了某种流行文化,总是触动舆论的敏感点。(2019 年 11 月 15 日《中国青年报》)

【自杀式社交】 zìshāshì shèjiāo 讽刺和贬低他人,以获得心理平衡的社交行为。因行为主动削弱与他人交际的欲望,导致交际受挫,类似"自杀",故称。例 而有些人的聊天,简直是"自杀式社交",像是在演示:怎样说话,才能变成一个让人讨厌的人。(2019 年 4 月 27 日搜狐网)|"自杀式社交"本身上就是一种自卑、自闭,因为否定别人的同时,就是在否定自己。(2019 年 4 月 29 日搜狐网)

【祖安文化】 zǔ'ān wénhuà 网络用语。在青年群体中流行的以网络粗口为特征的不良现象。该词源自《英雄联盟》游戏场景中的祖安区(虚拟社区),同时也是中国服务器"电信二区"的名称,很多玩家在这里一言不合就口吐脏话。例 所谓"祖安文化",多是出口成脏,互飙垃圾话,既没有美感,也没有营养,与"文化"八竿子也挨不上。(2020 年 7 月 24 日《人民日报》)|有些"梗"的确是粗鄙之语,不久前被网友高度关注的"祖安文化"里,其实也有一些"流行梗",但那些内容简直与脏话没有区别,应当成为年轻人拒斥的文化垃圾。(2020 年 8 月 5 日《中国青年报》)

【钻石心】 zuànshíxīn 名词。网络用语。像钻石一样坚强的内心。与"玻璃心"相对。例 当玻璃心经过成长的淬炼及觉知的雕琢,不再轻易影响自己的情绪,破坏与他人的关系时,它就成为一颗晶莹剔透的钻石心。(2019 年 3 月 12 日《学生导报》)|成长就是把玻璃心打磨成钻石心的过程。

(2020 年 9 月 18 日腾讯网)

【嘴炮式恋爱】 zuǐpàoshì liànài 网络用语。指对剧中人物的恋爱羡慕不已，但在现实中却害怕恋爱。[例]别再说喜欢我了，我早已经过了相信嘴炮式恋爱的年纪。(2018 年 11 月 28 日《中国青年报》百家号)｜那些嘴炮式恋爱的人，脑子里到底在想什么？(2019 年 5 月 28 日搜狐网)

【*做数据】 zuò shùjù 动词。粉丝圈用语。原指运用各种工具处理数据，现指粉丝各尽所能来帮助自己的偶像打榜或转发。[例]以前，喜欢一个明星，买专辑、买海报就是追星的全部。现在，你要被迫去刷各种榜单、投票，甚至拼代言销量，名曰“做数据”。(2019 年 7 月 24 日《中国青年报》)｜2018 年中国流量经济价值超过 155 亿美元，粉丝对于爱豆的守护常常体现在“打榜”上，“做数据”也成为粉丝经济的标配。(2019 年 7 月 26 日《南方日报》)

【做题家】 zuòtíjiā 名词。网络用语。指埋头苦读，擅长应试，但视野不够开阔，缺乏资源的青年学子。也称“小镇做题家”。[例]但反思不是退缩回老路上，教育的最终目标不是培养“做题家”，家长不能被眼前的成败得失蒙蔽。(2020 年 8 月 6 日《光明日报》)｜“做题家”的称呼在诞生时是有贬义，或者说是自嘲。因为“做题”和“专家”是两件事，所以，我们称一个人为“做题家”，其实就是之前常说的“应试人才”。(2020 年 9 月 11 日《中国青年报》)

知识窗

相关词语

附录

2014—2018汉语新词语

A

【爱豆】 àidòu　名词。偶像。英文idol的音译。例被韩国明星生产流水线“批量制造”的年轻一代爱豆(偶像),通常都以礼貌的乖仔形象示人。(2015年7月3日《新京报》)

B

【B站】 B zhàn　名词。一个动画、漫画、游戏内容创作与分享的弹幕视频网站。2009年6月26日创建。也叫“哔哩哔哩”。B,英文Bilibili的首字母。例《我的洗发液》里的广告和广告里的“duang”,2004年就有了。那时,离iPhone 1上市还有3年,离B站建立还有5年,离“绯色toy”第一次上传视频还有9年。(2015年3月18日《中国青年报》)

【白月光】 báiyuèguāng　名词。网络用语。可望而不可及的事或物,一直放在心上却不在身旁。最早出自张爱玲的小说《红玫瑰与白玫瑰》。例唯一可以为罗伊人定位女主身份的只有男主角的感情,熊青春、贾衣玫的戏份再多也是郑秋

冬生命中的匆匆过客，而收藏于心底的白月光，始终在水一方。（2017 年 12 月 5 日《北京晚报》）

【宝藏男孩】 bǎozàng nánháir 网络用语。指自身的才华像宝藏一样慢慢被发现，不断给人惊喜的男孩。有时也反其意而用之。[例]但一个清醒的事实是：中年宝藏男孩想要翻红也要靠演技，老树也能开新花是有大前提的。（2018 年 7 月 5 日《新京报》）

【*抱团取暖】 bàotuán-qǔnuǎn 寒冬季节人们抱在一起相互取暖，比喻企业单位或团队的互助协作、振奋精神，以共渡难关。[例]对中国经济充满自信之余，作为公益人，我也深切体会到"平台"的重要性，感受到"多元与融合、抱团取暖"的威力。（2015 年 9 月 15 日《中国青年报》）

【爆更】 bàogēng 动词。网络用语。指某人突然在网络上大量更新作品。[例]平均每天两更，需要花费 4 个小时左右，一周更新 14 章，节日可能会送个"爆更"给读者。（2018 年 2 月 12 日《人民日报》）

【爆品】 bàopǐn 名词。能够在消费者中引起强烈反响的具有较高性价比的商品或优质品牌。[例]他公司的官网上写着这样一段话：在越来越多的老式小吃走下神坛时，人们突然不知道吃什么了，我们的品牌给顾客提供了很好的指向性，研制两到三款极致的产品，做"爆品"、吸引粉丝。（2015 年 9 月 8 日《中国青年报》）

【爆文】 bàowén 名词。能够在读者中引起强烈反响的文章。阅读量大，人气高。也叫"爆款文"或"爆款文章"。[例]从朋友圈里的养生"爆文"，到微博里的食疗"段子"，一些食

品药品谣言屡禁不止。(2017 年 7 月 27 日《中国青年报》)

【奔现】 bēnxiàn 动词。网络用语。由线上虚拟恋爱转为线下真实恋爱。[例]网恋之所以见光死,就是因为,无论两个人隔着屏幕聊得多火热,一旦奔现见面后发现对方的长相不符合自己的期待,马上就会一盆冷水兜头淋下来,把之前聊天里建立起来的感情火苗浇灭。(2017 年 7 月 25 日搜狐网)

【边会】 biānhuì 名词。"双边会议"或"多边会议"的简称。指在我国境内举办的、与会者来自两个或两个以上国家和地区(不含港、澳、台地区)的会议、论坛、研讨会、报告会、交流会等。[例]本次主题边会由中国、巴基斯坦、德国、厄瓜多尔、韩国、爱尔兰、美国、津巴布韦等共同主办,旨在改善全球范围内辅助技术和产品的可及性,继续推动亚欧会议框架下残疾人领域合作。(2016 年 5 月 25 日《光明日报》)

【别人家的孩子】 biérenjiā de háizi 网络用语。父母对自家孩子设定的比较对象,指比自家孩子优秀的同龄人。[例]从小到大,我们不断与别人家的孩子攀比,但却忽略了一个最简单也最重要的问题——我们到底想要什么样的生活。(2015 年 9 月 23 日《中国青年报》)

【玻璃心】 bōlixīn 名词。敏感、脆弱,容易受伤的内心。因像玻璃一样易碎,故称。[例]你要做的应该是通过磨炼,成为更好的自己,而不是在"被忽视"的失落感中把玻璃心碎了一地。(2018 年 11 月 28 日《中国青年报》)

【补刀】 bǔdāo 动词。比喻对处于不利或危险状态的人或事物再次打击,使其更加不利或更加危险。[例]重启"邮件门"调查的消息传出后，共和党总统候选人特朗普接连"补刀"，指责希拉里没资格竞选总统。（2016 年 10 月 30 日《新民晚报》）

C

【**CPTPP**】 全面且先进的跨太平洋伙伴关系协定。2017 年 11 月 11 日，由除美国外原 TPP 的 11 个成员国为继续推进 TPP 而签署。该协定于 2018 年 12 月 30 日正式生效。CPTPP 是英文 Comprehensive and Progressive Agreement for Trans-Pacific Partnership 的缩写。例 11 月 11 日，日本经济再生担当大臣茂木敏充与越南工贸部长陈俊英在越南岘港 APEC 峰会上宣布，除美国之外的 11 国已就继续推进 TPP 达成一致，11 国将签署新的自由贸易协定，新协议名称为"全面且先进的跨太平洋伙伴关系协定"，简称 CPTPP。（2017 年 11 月 13 日《北京青年报》）

【**餐包**】 cānbāo　名词。原指类似面包的一种食品。现多指简便的食品套餐。例使用餐包，不仅出餐更快，还能为商家省去配备厨房、厨师的成本，这是它被广泛使用的原因，也因此涌现出了不少不做堂食、只做外卖的餐馆。（2018 年 8 月 10 日《东方卫报》）

【***抄作业**】 chāo zuòyè　比喻直接照搬别人的方法和经验。例小学生抄作业会被老师批评。大学生抄论文，严重者会

知识窗　相关词语

被取消学位。那么整改方案“抄作业”应该如何论处呢？抄袭整改报告还不是一般的抄作业，而是第一次考试不合格之后，抄袭补考答案。可谓一错再错，责任感荡然无存。(2018 年 10 月 22 日《光明日报》)

【车闹】 chēnào 名词。乘客在公共交通工具内与司机或其他工作人员发生冲突，以抢夺方向盘等方式危害公共秩序和公共安全的行为。例 此等殴打铁路站车工作人员的“车闹”行为，既扰乱了站车公共秩序，又损害了更多乘车旅客的合法权益。(2017 年 6 月 5 日《经济日报》)

【次元壁】 cìyuánbì 名词。指二次元动漫世界与三次元现实世界之间的屏障。例 年轻人将网络“二次元”和现实“三次元”之间的阻隔，称为“次元壁”。当互联网的发展日益突破“次元壁”，把网上网下紧密编织在一起，网络安全已经成为全社会的共同考题。(2016 年 9 月 21 日《人民日报》)

D

【*打卡】 dǎkǎ 名词。原指工作人员把考勤卡放在磁卡机上记录上下班的时间。引申为提醒戒除某些坏习惯或为养成某些好习惯而做记录。现多指到标志性景点、纪念地等游玩、参观。例《垂帘听政》一拍就一年多，梁家辉那时每天一大早去故宫“打卡”。(2016 年 4 月 19 日《北京青年报》)

【大号】 dàhào 名词。指最常用的互联网用户账号，或包含真实个人信息的账号。在游戏中指等级最高的账号。与“小号”相对。例北青报提出了“向上生长，向下扎根”的口号，线上的“团结湖参考”“政知局”等大号主打内容品质，线下的社区驿站等社区产品进行创收盈利，以做到“挣脸”与“挣钱”两手抓。（2016 年 1 月 23 日《光明日报》）

【大赏】 dàshǎng　名词。最高的奖项。源自日语。例一直以来，体育赛场都是科技产品的最佳秀场，而本届奥运会上出现的“黑科技”新产品技术更是汇聚成今年的“媒体新科技大赏”，将为全球观众呈现一场精彩纷呈的视觉盛宴。（2016 年 8 月 6 日《光明日报》）

【大消息】 dàxiāoxi　名词。重要的、能引起广泛关注的消息。例昨天一大早，矿机商 Bitfury 的 CEO 通过推特透露一则大消息，刚过去的 24 小时，有几个超百亿美元的资产管理基金来电话，要求购买比特币，每单 3 万—5 万个，我们过去不卖，今日亦然。（2016 年 12 月 23 日《北京青年报》）

【代入感】 dàirùgǎn　名词。身临其境的感觉。例当夜晚的骊山上出现一张如魔镜一般的魔怪面孔，巨型大嘴讲述着千年传奇，并告诉观众此时此刻你就在故事的现场时，强大的代入感把观众吸引进了情境。（2016 年 4 月 29 日《光明日报》）

【带节奏】 dài jiézòu　指故意发表具有煽动性和争议性言论来引起围观者的跟风或争端。例有主播面对网友涉黄要求时，会委婉表示反对，并称“房管”（即审核员）随时在线，而审核员也会在房内提示主播不要“带节奏”（即挑逗网友）。（2016 年 6 月 2 日《新京报》）

【耽美】 dānměi 形容词。形式、风格等非常完美的。例最近几年所有的爆款几乎全部都是女性向的小说，或多或少里面都有点耽美的影子。《琅琊榜》当年在晋江就是耽美第一小说，《太子妃》里面有明显的耽美要素。（2016 年 6 月 7 日《北京青年报》）

【道德高地】 dàodé gāodì 高尚的道德追求，义不容辞的责任。例一个道德模范的出现，成就的是道德高地；更多人的道德热情，创造的则是道德高原。（2015 年 5 月 1 日《人民日报》）

【递刀】 dìdāo 动词。提供材料以帮助攻击或损害他人，因与为杀人者提供杀人武器类似，故称。例招聘网站没有直接害死李文星，但对于李文星误入传销组织负有不可推卸的责任，扮演了那个递刀的角色。（2018 年 11 月 14 日《中国青年报》）

【第一书记】 dìyī shūjì 指从各级机关、企事业单位选派的，到村中担任党组织负责人的党员。一般任职 2 年以上，主要职责是帮助建强基层组织、推进精准扶贫，提升治理水平。例中央国家机关各部门积极响应号召，结合扶贫开发工作，选派了一批优秀干部到村任第一书记。（2016 年 8 月 31 日《中国青年报》）

【电子客票】 diànzǐ kèpiào 数字化的车票或飞机票。将旅客的购买记录保留在订座系统内，旅客乘火车或乘飞机不用纸制客票。也叫“无纸化车票”。例对红色车票和硬板票都有着浓重记忆的单杏花来说，未来的出行中，火车票这样的实物载体也会消失在人们的记忆里，取而代之的是电子

客票信息,记录下一年年中国人回家的印记。(2018年2月1日《中国青年报》)

📖 1993年,世界上第一张电子客票在美国VALUEJET航空公司诞生。2020年6月20日,电子客票在全国普速铁路推广实施,覆盖1300多个普速铁路车站。2022年我国将全面普及道路客运电子客票。

【顶刊】 dǐngkān 名词。"顶级学术期刊"的简称。例最新最全环境领域SCI期刊影响因子出炉,两大顶刊ES&T、WR双双破6!(2017年6月15日搜狐网)

【顶流】 dǐngliú 名词。"顶级流量"的简称。指极具影响力和号召力的人。例最近NCT(韩国流行乐男子演唱组合)有不少话题,不过可都不是什么好事,如今还跟中国娱乐圈的"顶流"杠上了。(2018年10月12日腾讯网)

【*堵点】 dǔdiǎn 名词。原指交通拥堵的路段;交通拥堵最严重的地点。现引申为工作中存在的关键性困难或问题。例利用大数据技术只是手段,关键在于提升治理能力,精准地疏通群众办事的"堵点"。在西城区,申请"重度残疾人护理补贴"时,居民不用证明其残疾人和低保身份,靠曾经申办过的数据沉积即可顺利提交申请,申请时填写数据项减少50%,受理时长缩减80%。(2017年6月22日《人民日报》)

【断更】 duàngēng 动词。中断更新。例很多人质疑网络作品质量,却很少有人关注网络作家群体。网络作家最怕的一个词——"断更",也就是间断了更新的意思,影响读者的阅读体验。(2018年3月19日《中国青年报》)

【对标】 duìbiāo 动词。对比标杆、标尺(找出差距)。例政绩考核以民为本,一锤子定音,让政府"答卷"跟百姓获得感对标。(2016 年 1 月 28 日《人民日报》)

E

【EPA】 经济伙伴关系协定。2018 年 7 月 17 日由欧盟和日本签署建立自贸区的协定。英文 Economic Partnership Agreement 的缩写。例 7 月 6 日,安倍晋三与欧洲理事会主席图斯克等宣布日欧经济伙伴关系协定(EPA)谈判达成框架协议,力争较早阶段在 2019 年生效。(2017 年 7 月 18 日《人民日报》)

F

【番剧】 fānjù 名词。"番组电视剧"的简称。指日本正在连载或已完结的动画电视剧、动画电影等。现也指电视连续剧或网络连续剧、电影等。例几百万的播放量就能打败一些番剧的单集播放量了。(2018 年 3 月 30 日《新京报》)

【番位】 fānwèi 名词。指演员在其作品或作品宣传材料中的排名。例此前,井柏然与鹿晗两位主演因《盗墓笔记》的

番位之争屡上头条，不仅两家粉丝网上对骂，双方经纪团队也被拉下水。（2016 年 8 月 4 日《北京青年报》）

【翻红】 fānhóng 动词。演艺明星、文艺作品等重新走红。例在“流量为王”的时代，我们乐得看见有演技有实力的中年流量担当翻红，重新走入大众视野。（2018 年 7 月 5 日《新京报》）

【饭圈】 fànquān 名词。粉丝圈。“饭”是英文 fan 的音译，“粉丝”是英文 fans 的音译。例比起小规模的“追星族”，如今粉丝组成了规模更大的“饭圈”。（2018 年 5 月 16 日《中国青年报》）

【防贫保】 fángpínbǎo 名词。一款由国家财政部门与保险公司共同推出的保障型险种。专门为生活水平临近贫困标准的客户提供一定的保障。2017 年 10 月，由河北省魏县县委、县政府联合太平洋产险河北分公司首次推出。例针对返贫风险，中国太保在河北魏县推出的“防贫保”，重点关注两类临贫、易贫特殊人群，提供相应的保险保障。（2018 年 10 月 19 日《人民日报》）

【飞线】 fēixiàn 名词。居民为给电动车等充电，违规从较高楼层引下来的电线。例消费者不应在建筑内停放电动车或充电，不应拉“飞线”为电动车充电。（2018 年 4 月 1 日《北京晚报》）

【肥宅】 féizhái 名词。原指宅在家中、身体肥胖、沉溺于网络世界不能自拔的年轻人。现多用于自嘲。例现在很多以“肥宅”自我标榜的人并不是传统的“宅”，而是在充满焦虑和压力的当下，通过‘肥宅’来暂时解放自身。（2018 年 9 月

28 日《中国青年报》)

【分享会】 fēnxiǎnghuì 名词。指就某一话题分享感悟、经验心得等的活动。例他们的这次分享会并没有从“报考哪所大学、在哪儿读好”这些角度出发，而是结合高中生的兴趣方向与心理特征，从大学体会、经验传授、视野拓宽等角度延展，告诉家乡的高中生一个真实的大学生活。(2015 年 2 月 19 日《中国青年报》)

【赋能】 fùnéng 动词。赋予能力或能量。例教育创新最重要的使命就是为不同年龄阶段的学习者“赋能”，提升学习者的创新自信力、造物技能与创新思维以及跨学科技能与素养。(2016 年 9 月 30 日《人民日报》)

G

【感控】 gǎnkòng 名词。“感染控制”的简称。新冠肺炎疫情期间指避免医务人员、就诊患者、陪护人员等在医院发生额外感染的管理措施。例对危重病人一天 3—4 次使用专门的口腔护理液进行口腔护理，以及适当时候的皮肤护理，感控效果更为理想。(2015 年 5 月 11 日《新民晚报》)

【高光时刻】 gāoguāng shíkè 巅峰时刻，精彩时刻。例他执教生涯的“高光时刻”是从 2009 年接手那不勒斯开始的，在 4 年的时间里他不仅征战欧冠，还率队夺得过意大利杯冠军。(2015 年 12 月 16 日《北京青年报》)

【共享停车】 gòngxiǎng tíngchē 指利用互联网平台将专有停车位分时开放出租的方法。例明年将继续城市更新改造，治理交通拥堵，提供错时停车和共享停车车位 2800 个，并新建 13 处立体停车设施。（2016 年 12 月 20 日《北京青年报》）

【国潮】 guócháo 名词。带有中国特色元素的潮流款式和物品。例店内售卖与展示的物品，大多来自日本和欧美的品牌，也能找到上海本土设计师的“国潮”作品。（2018 年 7 月 29 日《新民晚报》）

H

【红色基因】 hóngsè jīyīn 我党我军在长期实践中孕育形成的光荣传统和优良作风。例各高校学生代表纷纷响应倡议，表示要把传承红色基因与弘扬时代精神结合起来，成为时刻准备为实现中国梦献出青春热血的一代新人。（2014 年 6 月 21 日《光明日报》）

【后妻】 hòuqī 名词。指继娶的妻子。例我们现在就有一个继承案在上诉，是后妻带着子女继承遗产，把前妻的子女隐瞒了，我们没核实到这个情况；结果两边打起来。（2015 年 2 月 3 日《北京晚报》）

【*画风】 huàfēng 名词。作画的风格。现也用来指人或事的风格。例这次搬家下定决心要来个断舍离。但是搬家还

知识窗
相关词语

没开始，画风就有点不对了，因为爸妈来了。（2017 年 1 月 6 日《中国青年报》）

【话事权】 huàshìquán 名词。指对事情的决定权。源自广东话。例 村民拥有了真正的“话事权”，大胆提事、科学决事、合法理事、共同监事，最大程度参与民主自治管理，包括土地征收补偿、宅基地分配、道路修建、山林土地纠纷等在内的一大批矛盾易发的“老大难”问题得到有效解决。（2015 年 5 月 19 日《光明日报》）

【话事人】 huàshìrén 名词。指可以对事情做决定的人。源自广东话。例 六爷试图出面摆平这起纠纷，并找来了昔日老友闷三儿、话匣子、灯罩儿帮忙，却发现这个时代已经有了一群新的“话事人”，自己这个顽主的江湖地位已经动摇，并且以往固守的生活方式已渐渐被时代所抛弃，廉颇老矣，尚能饭否？（2015 年 12 月 24 日《北京晚报》）

【火焰蓝】 huǒyànlán 名词。国家综合性消防救援队伍新式制服的主体颜色。火焰蓝是火焰在极高温度下产生的颜色。新式制服于 2018 年 11 月 9 日零时起正式启用。也用来代指消防员。例 据应急管理部消息，新式制服的主体颜色采用“火焰蓝”。官方表示，这是突出消防救援队伍的职业特性。（2018 年 11 月 8 日《北京青年报》）

I

【Ins 风】 Ins fēng 指照片墙软件（Instagram）上流行的图

片风格，色调饱和度低，偏复古冷调或清新干净。也用于形容具有简约特点的家居风格。例从外表看这家餐厅就特别吸引人，粉、蓝色调的冰淇淋色，完完全全的 Ins 风，别说娃了，妈妈们瞬间就会被俘虏。（2018 年 12 月 7 日《北京青年报》）

J

【机构媒体】 jīgòu méitǐ 由专业的组织机构和团队运营的媒体。与“自媒体”相对。例一个合格的信息发布者，必须对笔下的文字负责，对每一位读者负责，对文章的影响负责。在这一点上，自媒体与机构媒体，不应该有任何分别。（2018 年 10 月 26 日《北京日报》）

【基建狂魔】 jījiàn kuángmó 网友对我国基础建设的高速度、高质量和卓越成就感到惊叹自豪，因而谑称中国为“基建狂魔”。例大白新闻（微信 ID：dabaixinwen）注意到，被网友称为“基建狂魔”的中国在世界桥梁界创造了诸多“世界第一”，桥梁建设成为中国的一张新“名片”。（2017 年 10 月 12 日新浪网）

【加鸡腿】 jiā jītuǐ 网络用语。指给予奖赏、犒劳、点赞。例学会这个，老板都要忍不住给你加鸡腿了（2018 年 6 月 25 日搜狐网）

【监管沙盒】 jiānguǎn shāhé 指一个受监督的安全测试

区。通过设置限制性条件和制定风险管理措施，允许企业在真实的市场环境中，以真实的个人用户和企业用户测试创新产品、服务和商业模式，有助于减少创新理念进入市场的时间与潜在成本，并降低监管的不确定性。例 所谓监管沙盒，指的是创建一个“安全空间”，在这个空间内，金融科技企业可以测试其创新的金融产品、服务、商业模式和营销方式，同时不用在相关活动与现行规范冲突时立即受到监管规则的约束。（2017 年 9 月 12 日《中国青年报》）

📖 2015 年 11 月，英国金融监管局（Financial Conduct Authority）率先提出监管沙盒（Regulatory Sandbox）的监管理念。2016 年 5 月正式开放了第一批沙盒监管测试。2019 年 1 月，国务院批复同意北京市在依法合规的前提下探索“监管沙盒”机制。2019 年 12 月中国人民银行批复北京市率先在全国开展金融科技创新监管试点，探索构建符合我国国情、与国际接轨的金融科技创新监管工具暨中国版“监管沙盒”，引导持牌金融机构在依法合规、保护消费者权益的前提下，运用现代信息技术赋能金融提质增效，营造守正、安全、普惠、开放的金融科技创新发展环境。

【金句】 jīnjù 名词。像金子一样有价值的经典的话。例 “改革要抓铁有痕、踏石留印”“要聚焦、聚神、聚力抓落实”“要以钉钉子精神抓好改革落实”……习近平总书记的许多改革“金句”人们早已耳熟能详。（2017 年 2 月 3 日《中国青年报》）

【尽锐出战】 jìn ruì chūzhàn 把所有精锐部队派出作战，比喻派出全部主力投入某项工作。是习近平总书记在 2018

年新年贺词中谈到2020年脱贫任务时提出的要求之一。例只要我们坚守“以人民为中心”这个根本思想，把握“人民的美好生活”这个首要目标，尽锐出战，精准施策，就一定能带领全国人民一起完成这个对中华民族、对整个人类都具有重大意义的伟业。（2018年1月1日《人民日报》）

【*韭菜】 jiǔcài 名词。网络用语。金融圈的基层群众。由于信息不对称或能力有限，他们购买金融产品，往往最终以赔钱为结局，因其好像韭菜，一年长成了就被人收割，故称。例股票是个零和游戏，那些把情绪交给市场，在贪婪与恐惧间腹背受敌的，即使短期内获利，最终也会成为被收割的“韭菜”。（2015年6月2日《人民日报》）

K

【咖位】 kāwèi 名词。明星在娱乐圈的地位。有地位的明星称为大咖。咖，英文cast的音译。例随着超级碗的影响力越来越强，中场秀的表演嘉宾咖位也越来越大。（2017年2月7日《新京报》）

【卡顿】 kǎdùn 动词。操作电脑、手机等电子设备时出现的画面不流畅现象。例记者代家人下单另一张余额无几的动车票时，在提交订单环节突然卡顿，等了几分钟页面才恢复正常，花费大约两分钟支付成功。（2014年1月8日《北京青年报》）

【康养地】　kāngyǎngdì　名词。适宜养生和养老的地方。例从砍树到栽树，再到发展康养，当年的伐木场现在已经成了康养地。(2018 年 3 月 13 日《华西都市报》)

【考编】　kǎobiān　动词。参加考试，以获得公务员编制或事业单位编制。例徐永俊在上海的一家社区医院工作了 4 年，结束体制外的漂泊后，“考编”回到了老家的社区医院。(2016 年 10 月 31 日《中国青年报》)

【可盐可甜】　kěyán kětián　网络用语。指风格可在盐与甜之间自由转换。“盐”是干净清爽，“甜”的意思是暖萌可爱。例在家居风格中，北欧风也是这样一种既高冷又温馨的风格，是当之无愧的“可盐可甜”。(2018 年 10 月 29 日搜狐网)

【*空场】　kōngchǎng　名词。空旷的场地。现也指没有观众观赛的体育赛事现场。例最终巴萨妥协，比赛在空场的情况下照常进行，俱乐部损失了 340 万欧元的比赛日收入。(2017 年 10 月 10 日《新民晚报》)

【空心病】　kōngxīnbìng　名词。因价值观缺陷导致的心理障碍，常表现为自觉人生毫无意义，空虚迷茫，不知道自己想要什么。例所谓“空心病”，是北大徐凯文老师提出的概念。它的典型症状是不知道“我是谁”“我要做什么”“我为什么活着”。(2016 年 12 月 10 日《新京报》)

【控评】　kòngpíng　动词。操控评论。例她参与过每日转发明星微博等活动，在她看来，微博“控评”，要尽量用带图评论，文案要有质量。(2018 年 5 月 11 日《中国青年报》)

【快手】　kuàishǒu　名词。用户用于记录和分享生产、生活的短视频社区。原为北京快手科技有限公司开发的一款用于制作、分享 GIF 格式图片的手机应用软件，后转型为短视频社区。例快手更多是作为短视频的拍摄工具，并在微博、QQ 等社交平台广泛传播。（2016 年 12 月 13 日《经济日报》）

【扩列】 kuòliè 动词。"扩充好友列表"的简缩，意为交朋友。"扩"指扩充添加，"列"指好友列表。例这份报告指出，作为独生子女一代，由于社交链未成形，他们对陌生人交友的接受度史上最高，有 40%的社交诉求集中于"扩列"，积极认识更多陌生人。（2018 年 9 月 7 日《中国青年报》）

L

【垃圾人】 lājīrén 名词。指满身负能量的人。因负能量就像垃圾一样，故称。例一条年轻生命猝然离去，网友在表示悲痛的同时，纷纷提出要远离"垃圾人"。（2017 年 5 月 21 日《经济日报》）

【蓝色药库】 lánsè yàokù 指丰富的海洋药用资源。例据海洋试点国家实验室海洋创新药物筛选与评价平台主任杨金波介绍，全球范围内海洋药物研究遇到的主要问题就是资源获取问题，如何从数万个天然产物中筛选、开发新药是构建"蓝色药库"的关键。（2018 年 7 月 11 日《人民日报》）

【了解一下】 liáojiě yī xià 一种在网络上流行的语言表达

形式,格式为"……,了解一下"。最早的句式是"游泳健身了解一下"。有一定的调侃意味,现多用于商品的宣传。例各大营销号争先恐后蹭热点,号召大家"春季新款了解一下""吃鸡游戏了解一下""美股走势了解一下",一次次直白生硬而缺乏言外之意的滥用,正逐渐让这个流行语变得索然无味了。(2018 年 2 月 9 日《北京晚报》)

【冷链】 lěngliàn 名词。指产品在加工、贮藏、运输、分销和零售等各个环节始终处于产品所必需的特定低温环境下的特殊供应链系统。例对于农产品(生鲜)电商来说,冷链是一个关键因素。但冷链系统不仅仅需要建冷库,同时还需要配备冷藏和冷冻配送车辆、冷藏周转箱及恒温设备。(2015 年 12 月 21 日《中国青年报》)

【链长】 liànzhǎng 名词。负责统筹推进产业链发展的地方主要领导人。例长沙市结合实际,梳理出 22 个优势产业链,设立"链长"工作机制,每条产业链由一位市领导联点担任"链长",指导各产业链编制完成产业链全景图、现状图,千方百计推动产业链高质量发展。(2018 年 8 月 7 日搜狐网)

【凉凉】 liángliáng 形容词。网络用语。原为电视剧《三生三世十里桃花》的片尾曲。现常用于表示失望、没有希望和办法,意思是完了、惨了。例王传君爆猛料,陈赫仅用 8 个字表达愤怒,网友:无下限操作凉凉了。(2018 年 7 月 30 日搜狐网)

【两个维护】 liǎnggè wéihù 指坚决维护习近平总书记党中央的核心、全党的核心地位,坚决维护党中央权威和集中统一领导。例能否真正把"两个维护"认识到位、落实到位,直接决定着一个地区和单位党的领导、党的建设、全面从严治党以及履行党中央赋予职责情况的水平。(2018 年 8 月 1 日《中国青年报》)

【亮骚】 liàngsāo ❶形容词。大胆新奇的，有创造性的。与“闷骚”相对。“骚”是英文 show 的音译转化。例能力不够装备凑，不要闷骚要亮骚。这就是我跑马拉松第二年的真实写照。(2017 年 9 月 8 日搜狐网) ❷动词。炫耀，显摆。例中美双方在台海的反舰能力也达到了均势，美国海军的航母编队再也不敢像 20 年前一样在台湾海峡大摇大摆地“亮骚”了。(2016 年 1 月 27 日腾讯网)

【零跑腿】 língpǎotuǐ 名词。一种“互联网＋政务服务”模式。用户可以通过互联网办理审批手续，不必来回奔波。例目前，广西共有 10 多项行政审批事项以智能审批模式替代传统的人工审批模式，推行企业和群众办事“网上申报、智能审批、即批即得、电子结果”，这种新型的互联网办事模式，覆盖自治区、市、县三级，提高了政府效能，实现了企业和群众办事“零跑腿”。(2017 年 11 月 22 日《人民日报》)

【流量担当】 liúliàng dāndāng 指具有很高人气和知名度的明星。例谍战剧和偶像剧是完全不同的电视剧类型，不能为了迎合观众“看脸”的需求，为了满足偶像剧演员“转型”的需要，为了资本逐利的“流量担当”，就简单地把毫不相干的两个类型合二为一。(2016 年 11 月 1 日《光明日报》)

【流量思维】 liúliàng sīwéi 指在价值链各个环节都要考虑“流量是多少”的思维方式。例但流量思维的线上玩法，早已进入畸形怪圈：流量造假，使得这样的思维和模式陷入恶

性的低层次竞争之中,最终,整个行业都受到损伤。(2017年8月21日《新京报》)

【录播课】 lùbōkè 名词。用录制好的视频进行教学的课程。与"直播课"相对。例最近一年多,教育领域出现了一个新生的"内容驱动模式",这个模式是以定价相对合理、标准化、大量发行的付费课程为核心的,直播课和录播课的形式都有,并附带有一系列内容周边产品。(2016年11月22日《北京青年报》)

M

【妈宝男】 mābǎonán 名词。缺乏主见和独立精神,什么都听妈妈的成年男人。例在你出生的年代,中国社会有很多类型的"巨婴"存在。垄断国企中,一旦离开单位便完全找不到自己存在价值的人;在经济、情感上都过度依赖家庭尤其是母亲,即使结婚生子后,也无法形成独立的精神状态的"妈宝男"。(2017年1月26日《中国青年报》)

【妈宝女】 mābǎonǚ 名词。缺乏主见和独立精神,什么都听妈妈的成年女人。例通常妈宝男或妈宝女的父母为孩子包办一切,孩子缺乏独立思考能力,甚至认为听从父母的意见就是孝顺。(2017年11月30日《中国青年报》)

【码商】 mǎshāng 名词。指依靠移动支付平台,凭借二维码从事日常经营交易和贷款理财的线下小微商户。例线下的小微经营者不用购置扫码枪等机具，只要一张能够收钱的二维码，就拥有了移动互联网时代的入场券。因此，这些卖小吃、卖菜、上门维修的个体小商户形象地将自己称为“码商”。（2017 年 12 月 18 日《北京青年报》）

【卖惨】 màicǎn　动词。指故意卖弄惨状，以求得同情。例近年来的爆款韩剧一个比较明显的特征就是，基本都拒绝了“车祸癌症治不好”的老“韩剧三宝”，不再以“卖惨”为噱头，各种新鲜的设定让习惯了国产雷剧的中国观众也觉得过瘾。（2016 年 12 月 8 日《新京报》）

【面基】 miànjī　动词。网络用语。网上认识的朋友在线下见面；网友间约见。例八大舞台的设置不仅汇聚海内外各类顶级艺人参演，其中糖蒜广播、坏蛋调频、大内密谈、闲白儿电台、电影不无聊、迷失音乐等 50 多位原本颇为“神秘”主播轮番上阵，以“脱口秀”的形式站台与粉丝“面基”。（2016 年 3 月 24 日《新京报》）

【秒批】 miǎopī　动词。速度极快地审批。例截至今年 11 月 18 日，通过智能审批“秒批”群众申请的事项已达 3050 件，已为数百名群众和企业提供了便利服务，赢得了办事人员的交口称赞。（2017 年 11 月 22 日《人民日报》）

【民法典】 Mínfǎdiǎn　名词。《中华人民共和国民法典》的简称。2020 年 5 月 28 日，十三届全国人大三次会议表决通过，自 2021 年 1 月 1 日起施行。例本次民法典编纂，采用“两步走”思路：第一步，编纂民法典总则编（即民法总则），经全国人大常委会审议后，争取提请 2017 年 3 月召开的十二届全国人大第五次会议审议通过；第二步，编纂民法典各分

知识窗

相关词语

编……从而形成统一的民法典。(2016 年 7 月 5 日《中国青年报》)

【魔性】 móxìng 形容词。古怪而又不乏趣味的。例青红丝也叫红绿丝,名如其形,通常是卷曲在月饼馅料里的红红绿绿的细条。其名字朴实,口感却有一种不可名状的魔性,初舔一口是甜的,再尝却有点酸涩,咬起来颇有韧性,似水果似陈皮又似萝卜。(2017 年 9 月 28 日《新京报》)

N

【男频】 nánpín 名词。"男生频道"的简称。指主要给男生看的网络小说类别。例从去年年末到今年年初,她连续推出了三本新书:《网络时代的文学引渡》《新世纪第一个十年小说研究》《网络文学经典解读》。另外,她还编选了《2015 中国年度网络文学》,分为男频和女频两卷。(2016 年 6 月 24 日《北京晚报》)

【脑补】 nǎobǔ 动词。网络用语。"脑内补充"的简缩。通过想象来补充。例汇聚全球最新 VR 游戏技术的 E7 馆中,人群团团围住的往往是戴着 VR 镜、端着激光枪的"体验者",在不了解的人看来,或许不很明白,这个戴着眼镜拿着枪一通乱舞的人在干吗,但玩家们却能"脑补"体验者正经历的情景画面。(2016 年 7 月 28 日《新民晚报》)

【逆风翻盘】 nìfēng fānpán 网络用语。居于劣势、不被看好的一方最后反败为胜。例 2018 英雄联盟全球总决赛入围赛第四日，INF 在前期劣势的情况下，最终逆风翻盘拿下本场比赛的胜利。（2018 年 10 月 4 日新浪网）

【农地】 nóngdì 名词。“农用土地”的简称。指直接或间接为农业生产所利用的土地。也叫“农用地”。农村家庭承包的土地通过合法的形式，保留承包权，将经营权或使用权转让给其他农户或其他经济组织，也称“农用土地流转”。例资本炒作农地，不但挤占农民的就业和发展空间，而且会因层层抬价导致土地流转的“非粮化”和“非农化”倾向，影响我国粮食战略安全。（2014 年 1 月 28 日《人民日报》）

【女频】 nǚpín 名词。“女生频道”的简称。指主要给女生看的网络小说类别。例总体而言，除开宅斗和女尊，女频主要类型文种差不多都已经被搬上银幕了，比如仙侠文（《花千骨》以及正在拍摄的《三生三世，十里桃花》）、总裁文（《杉杉来吃》）……它们有一个共同的特点是，出名早。（2015 年 10 月 23 日《北京青年报》）

P

【*爬楼】 pálóu 动词。网络用语。指翻看微博或贴吧等社交平台的评论和回复。因一条一条地向上翻，类似爬楼梯，故称。例一直到现在，我仍然经常爬楼学习历史聊天记录中的案例。（2017 年 8 月 23 日搜狐网）

知识窗
相关词语

【破圈】 pòquān　动词。突破原有的圈子。例 面对风险，泉州市委市政府没有消极等待，从去年起便积极会同金融机构、企业坐在一起谋商“破圈”之策，启动百家企业重组重整。（2016 年 6 月 3 日《人民日报》）

Q

【*千斤顶】 qiānjīndǐng　名词。网络用语。比喻恋爱关系中连备胎都不如的一类人。在男女朋友交往中连备胎都不是，只是在换备胎的时候使用一下，故称。例 我以为自己是备胎，没想到我是千斤顶！（2017 年 6 月 16 日搜狐网）

【签退】 qiāntuì　动词。指下班或离场时签字或打卡。与“签到”相对。例 从今天起，选课的同学每节课都要进行指纹签到和签退，否则记为旷课，在最后的综合测评中扣 0.4 分。（2015 年 12 月 7 日《中国青年报》）

【强国一代】 qiángguó yī dài　指实现社会主义现代化强国过程中的当代青年。例 当代青年的人生黄金时期与“两个一百年”奋斗目标的实现完全吻合，我们是这一历史进程的见证者，当代青年是继往开来的强国一代。（2017 年 10 月 25 日《中国青年报》）

【*抢跑】 qiǎngpǎo　动词。原指赛跑时抢在发令枪响之前起跑，是一种犯规行为。现也指在学习、生产、工作中提前行动，是一种积极奋进的行为。例 没有任何的迟疑，抓住每一

次机会抢跑。中国在人工智能发展领域正表现出前所未有的敏感性与超前性。(2017年10月9日《中国青年报》)

【确认过眼神】 quèrèn guo yǎnshén　彼此用眼神交流过，确认了对某人、某事的看法或做法。也泛指没有通过语言明确表达，但所要传达的信息已经得到确认。[例]中国服务业的发展态势是高质量发展，这也是国家发改委等相关部委确认过眼神的方向所在。(2018年10月24日《新京报》)

【群嘲】 qúncháo　动词。指在论坛和贴吧里发帖藐视、嘲笑众人。也指某人被众人嘲笑。[例]曝光之后，网络论坛上的评论沸反盈天，乃至招来群嘲，是预料之中的结果。(2017年2月22日《新京报》)

R

【RCEP】 区域全面经济伙伴关系协定。中国、日本、韩国、澳大利亚、新西兰和东盟十国共15个亚太国家共同制定的，旨在通过削减关税及非关税壁垒、建立统一市场的自由贸易协定。RCEP，英文 Regional Comprehensive Economic Partnership 的缩写。[例]文章最后指出，与TPP相比，中国力推的RCEP更注重推动东盟成员国间的平衡发展，RCEP可能是东盟及其成员国应对TPP带来挑战的重要手段。(2015年10月9日《中国青年报》)

[知识窗] RCEP于2012年由东盟发起，2020年11月15日正

知识窗　相关词语

式签署，所有成员国均表示将推动该协定于2022年1月1日生效。RCEP涉及货物贸易、服务贸易、投资准入、经济技术合作、知识产权、电子商务等领域，覆盖约23亿人口，GDP总和超过25万亿美元，约占全球贸易总量25%，将成为当前世界上规模最大、最具影响力的自由贸易协定。

【热聊】 rèliáo　动词。指有共同语言，聊得特别火热。例 记得大二学生小姚就曾抱怨过，放假前，他和爸妈都挺盼望见面的，微信热聊很多次，但回家后没多长时间，“蜜月期”就过了。（2017年7月17日《中国青年报》）

【人设崩塌】 rénshè bēngtā　指公众人物的公众形象设定因为某事件而被毁坏和颠覆。例 仔细想，所谓“人设崩塌”或许正是任谁也难逃脱的人生宿命？（2016年11月30日《新京报》）

【日活】 rìhuó　名词。“日活跃用户量”的简称。指一天内登录并使用某个应用或网站的人数。例 小咖秀日活目前已达500万，总用户量1500多万，日均原创短视频达到120万条，在App Store的总榜单上排名第一。（2015年8月11日《中国青年报》）

【入坑】 rùkēng　动词。指专注地投入某事中。因好像进入坑里，难以自拔，故称。例 艾瑞咨询在2015年的一项行业调研显示，中国二次元用户的“入坑”时间以初中为主，占到3万多名有效受访对象的49.6%，其次是小学和高中。（2017年1月18日《中国青年报》）

【软文】 ruǎnwén　名词。以文章形式发布的文字广告。也叫“软广”。例 任何商业推广性质的软文，要有醒目标记标

识，应成为起码的规范。（2015 年 5 月 26 日《中国青年报》）

S

【丧】 sàng 形容词。指态度消极的、情绪消沉的、精神萎靡的。例在实际语言生活里，“丧”这个原本并非褒义的汉语单字带给我们的感受并非一贬到底，“丧”很复杂，我们对它的感知、认知也是斑斓繁复，一言难尽。（2018 年 12 月 14 日澎湃新闻网）

【色气】 sèqì 名词。网络用语。指某人很有魅力或诱惑力。例虽然服装设定是保守的，但是由于可以完全的展现美好身材，所以显得色气满满。（2017 年 3 月 9 日新浪网）

【杀马特】 shāmǎtè 名词。一种以发型、服饰等夸张怪异为特点的青年非主流文化现象。英文 smart 音译，但已无 smart 所含“时尚的、聪明的”等意思。例记者还在工业园区看到另一些年轻的打工者：夸张的耳环、破洞低腰牛仔裤、怪异的发型用刘海遮住半张脸……这些年轻的工人被定义为“杀马特”。（2014 年 1 月 7 日《人民日报》）

【傻缺】 shǎquē 形容词。缺心眼的。例少年时读《阿 Q 正传》，每每看到辛亥革命爆发后，未庄的人们传说革命党“个个白盔白甲，穿着崇正皇帝的素”，都不禁哈哈大笑，觉得这帮土老帽真是傻缺。（2016 年 5 月 20 日《北京晚报》）

【晒娃】 shàiwá 动词。在社交媒体上发布自己孩子的照片或视频。例打开微信朋友圈，能看到很多年轻父母拍照“晒娃”。看得多了，难免让人产生一种错觉，似乎有些父母把孩子“宠物化”了。（2014 年 5 月 30 日《人民日报》）

【上新】 shàngxīn 名词。向市场推出新产品、新作品。例在三里屯，无论是菲利林的服装，还是亚历山大·王的配饰，几乎和国外专柜同步上新，满满的都市气质和新锐创意。（2017 年 2 月 3 日《人民日报》）

【社畜】 shèchù 名词。网络用语。指工作压力很大却又只能依靠这份工资生存的员工。多用于自嘲。源自日语，是“会社”与“牲畜”的合称。例在往后的日子，他们按部就班地读大学、就职、结婚生子、缴房贷车贷、等退休，渐渐地成为“社畜”（日本企业底层上班族的自嘲用语，意指“公司的牲畜”）。（2018 年 11 月 21 日《光明日报》）

【神操作】 shéncāozuò 名词。神一般的、高超神奇的操作。例曼联昨日正式官宣卢卡库的加盟。由于此前红魔的公开目标一直是莫拉塔，然后却暗度陈仓签下了卢卡库，因此很多人都大赞曼联的神操作。（2017 年 7 月 9 日《新京报》）

【神作】 shénzuò 名词。杰出的、有一定影响力的作品。例《攻壳机动队》原版动画电影不仅是动画界的神作，在世界影史上都有不可撼动的地位，被誉为日本动画“无可逾越的高峰”，还是影响了许多好莱坞科幻电影的经典动画作品。（2017 年 3 月 7 日《新京报》）

【生图】 shēngtú 名词。没有经过软件修饰的原图。例根据网友的生图判断，我们赵丽颖现在的皮肤好着呢！（2018 年 10 月 25 日人民网）

【湿垃圾】　shīlājī　名词。指食材废料、剩菜剩饭、过期食品、瓜皮果核、花卉绿植、中药药渣等容易分解的厨余垃圾。例垃圾并不是简单分为两类就行了，最起码要分4个类别——湿垃圾、干垃圾、有毒垃圾、可回收垃圾。（2018年3月16日《光明日报》）

【十八线】　shíbāxiàn　名词。人气和知名度极低的地位，含自嘲意。由“一线”“二线”“三线”演变而来。例许多明星的成名经历都颇有传奇成分，但极少有粉丝一夜成名的，这两天就有两位粉丝成为被网友追逐深扒的对象，她们一位是从一线到十八线无星不追的上海“虹桥一姐”，一位是经常以“绝症”为由换取与明星见面机会的湖南“兔小白”。（2016年12月8日《新京报》）

【市霸】　shìbà　名词。垄断、独霸市场经营权，或以收取“保护费”为由对市场上的经营者实施勒索的黑恶势力。例《办法》还列举了举报黑恶违法犯罪线索的范围：在农产品流通、商贸集市、批发市场等场所欺行霸市、强买强卖、收保护费的“市霸”“行霸”等黑恶势力等10个方面。（2018年7月20日《人民日报》）

【适老】　shìlǎo　形容词。产品、技术等适合老年人的。例无论是居家养老、社区养老还是机构养老，适老辅具和适老辅助技术都能很好地服务于老年人，实现良好的社会效益和经济效益。（2017年11月16日《人民日报》）

【手办】　shǒubàn　名词。指个性化的人形模型。通常使用树脂材料，由手工加工，不量产，多具有收藏价值。例日本、韩国的手办、模型都做得非常好，价格昂贵，销售火爆。

(2017 年 8 月 5 日《新民晚报》)

【手残】 shǒucán 形容词。网络用语。指手指不灵活，按键速度慢。多用于自嘲。例跳早了跳晚了都会挂掉，跳得太近太远都可能摔死，手残切换错了颜色，也会 game over，步步惊心，一着不慎满盘皆输，总有你想不到的输法。(2017 年 2 月 26 日《北京青年报》)

【手动点赞】 shǒudòng diǎnzàn 不是通过网上点击“赞”的图标来表示支持、喜欢、赞成，而是自己动手书写表示赞赏的文字。例凭借社交网络的口口相传和手动点赞，京津冀周边游客慕名纷至沓来，古北水镇成了“回头客”的“心头好”。(2016 年 2 月 9 日《经济日报》)

【手撕钢】 shǒusīgāng 名词。一种超薄不锈钢箔材。2018 年在山西太钢不锈钢精密带钢有限公司研制成功，为世界首创。因其厚度不到头发直径的 1/3，可以用手轻易撕开，故称。例日前，一车 600 公斤、厚度仅为 0.02 毫米的不锈钢在山西问世，这是目前中国最薄的不锈钢。这种厚度为 0.02 毫米、宽度达 600 毫米的不锈钢也叫“手撕钢”。(2018 年 8 月 17 日《光明日报》)

【手替】 shǒutì 名词。代替演员拍写字、绣花等手部动作特写镜头的替身演员。例韩志义表示，为了保证每一个近景的真实，他也为《外科风云》这部剧担当了“手替”的工作，“里面一些近景的打结、下刀、牵引，演员不可能马上学会，所以手部特写是我们来做的。”(2017 年 5 月 19 日《新京报》)

【首店】 shǒudiàn 名词。行业内有代表性的品牌在某一区域开设的第一家店。例据马莎百货方面介绍，北京首店占

地1500平方米，以高级精品店形式出现，提供高品质女装、男装、内衣和童装。(2015年12月23日《经济日报》)

【首店经济】 shǒudiàn jīngjì　利用区域优势，吸引商家在该区域开设首家品牌门店，以及由此对该区域经济发展产生积极影响的经济模式。例在"上海购物"重塑商业地标的过程中，"首店经济"成为提升商圈品质，拉开商场差异化的利器。(2018年12月24日《新民晚报》)

【数据壁垒】 shùjù bìlěi　不同单位、不同个人的数据受保护而不能共享互用的现象。例建立健全农业数据采集、分析、发布、服务机制，消除数据壁垒和信息孤岛，加强农业大数据的开发利用，努力缩小工农、城乡之间的"数字鸿沟"。(2015年9月15日《人民日报》)

【刷榜】 shuābǎng　动词。指通过非常规技术手段提高榜单排名的违规行为。例无论是1.0还是2.0模式的网络文学平台，都曾出现过一些问题，譬如由于受急功近利心态的影响，作者会通过刷点击和刷榜等作弊手段抢夺平台的曝光机会。(2015年6月12日《经济日报》)

【双标】 shuāngbiāo　名词。"双重标准"的简称。指对同样性质的事情根据自己的喜好采用不同的标准。例事实上，双标的人在生活中并不少见，最可怕的是，这个双标的人，往往对自己的毛病浑然不觉，永远常有理，永远活得义正词严。(2017年11月27日搜狐网)

【爽点】 shuǎngdiǎn　名词。网络用语。能让人特别满足、特别愉悦的地方。仿"痛点"造词。例新的文化业态在新制度的催生之下不断完善自身的成长机制，共同促使网络文

学得到不断的优化。因为,止步于“爽点”不是网络文学的最终归属。(2017年8月25日《光明日报》)

【爽感】 shuǎnggǎn 名词。让人特别满足、特别愉悦的感觉。例主角同为穿越者,《材料帝国》中的秦海运用技术这个金手指,比《工业霸主》中的林振华要厉害得多,他改变了历史,在满足读者阅读爽感的同时,多少有些削弱了历史的真实感。(2017年11月18日《北京青年报》)

【爽剧】 shuǎngjù 名词。看后让人特别满足、特别愉悦的电视剧或网络剧。例无论是“霸道总裁爱上我”的套路,还是长盛不衰的宫斗剧,爽文、爽剧都围绕着一个核心,那就是主角在金手指的帮助下,由弱变强,对那些曾经迫害过自己的人,以眼还眼,以牙还牙。(2018年9月30日搜狐网)

【爽文】 shuǎngwén 名词。看后让人特别满足、特别愉悦的网络小说。例被改编成影视剧的网络小说,题材分布也不平衡。读者多的“爽文”“小白文”,改编数量相对较多;都市言情题材网络小说改编成影视剧后的制作成本相对较低,又容易植入广告,最受投资者欢迎;而受众相对少、艺术造诣较高的一些网络小说作品被改编的相对较少。(2015年2月7日《光明日报》)

【送命题】 sòngmìngtí 名词。网络用语。指难以回答或怎么回答都是错误的考题。例时值期末大考,一些出自高校里的“送命题”火爆网络。所谓“送命题”,意即答不出真会要了学生的命,其题义之奇葩往往令同学们叹为观止。(2018年1月18日《新民晚报》)

【*苏】 sū 形容词。有吸引力的、令人欣赏的。多用来形容男性。衍生自“玛丽苏”。例视频中王学圻变身大叔导游，一改工作中的严肃认真，与布拉格广场上的街头乐队欢快互动，磁性的男中音也被网友称赞“好苏的低音炮，没想到王老师还有这样的一面”。（2016年3月1日新浪网）

【*塑料】 sùliào 形容词。网络用语。一种高分子聚合物，是重要的工业原料。因其可以制作出许多仿真物品（如塑料花），故引申为不真实的、仿冒的。例影片展现出许多当今社会的现象，塑料姐妹情、兄弟的背叛、婚姻的不忠……每位观众或多或少都能从身边找到相似的经历，从而引发共鸣。（2018年7月14日《北京晚报》）

T

【躺赢】 tǎngyíng 动词。躺着就赢，指毫不费力、无所作为就获得胜利。多用于调侃。例胜负两方，都用自己的口吻讲述着体育精神。这场“躺赢”的胜利并不简单。（2017年7月17日《新民晚报》）

【*腾笼换鸟】 ténglóng-huànniǎo 把笼子里的鸟放出来，腾出空笼放入新鸟。比喻经济结构的调整以及产业和劳动力的转移、升级。例传统制造业重镇珠三角地区加快“腾笼换鸟”，高新技术企业已超过1.58万家，无人机、机器人、智能穿戴等新产品层出不穷。（2017年1月9日《人民日报》）

【*天花板】 tiānhuābǎn 名词。原指室内的天棚。现也指某种空间的上限。到了上限，就没有再提高的可能性。例以前科室收入分配有“封顶线”，过了“线”，干得再多也不会多拿一分钱，现在没有了这层“天花板”，大家积极性都被调动起来。（2017 年 2 月 21 日《中国青年报》）

【天团】 tiāntuán 名词。指影响力大或知名度高的团体。例《朗读者》的宣发团队深谙“对融媒体产品而言，影响力不单体现在收视率和口碑上，更要形成社会性的事件和现象”的道理，特别策划清华大学 13 位成员年龄加起来超过 1200 岁的“朗读天团”朗读《告全国同胞书》的短视频，在网络空间引发一众青少年网民的集体致敬。（2017 年 6 月 21 日《光明日报》）

【*天眼】 tiānyǎn 名词。原指监控系统，如安防天眼。现特指我国 500 米口径球面射电望远镜。称为“中国天眼”。例在这台有全球第一“天眼”之称的射电望远镜上，约 30 个足球场大的反射面面板及铝板结构件全部由中铝公司供货，这是我国铝加工企业在天文射电领域的“首秀”。（2015 年 10 月 23 日《经济日报》）

【通勤距离】 tōngqín jùlí 从居住地到工作或学习地点的路程。例就拿几座特大城市发展中出现的若干座“睡城”来说，过大的通勤距离和过多的通勤人口，给当地居民带来的无疑不是幸福感。（2015 年 11 月 18 日《中国青年报》）

【同框】 tóngkuàng 名词。指人与人、人与景物同时出现在一个照相机或摄像机的取景框中。例创作者开拓思路，让广大移动终端的用户获得在电视荧屏上展示音乐才华、与明星同框对唱的平等机会，实现互联网手段与电视制作手

段的深层结合。(2016 年 7 月 25 日《光明日报》)

【同频】 tóngpín　动词。频率相同。多用来指思想意识或行为方面协调统一。例 由代表参与提出、由代表投票决定民生实事项目,不仅可以保证党和政府决策与群众呼声同频共振,也促使人大代表深入基层,了解群众所思所盼。(2018 年 2 月 8 日《中国青年报》)

【*头部】 tóubù　形容词。物体的最上(或最前)部分,用来指事物中最有价值和优势的部分。例 随着共享经济的发展,其背后的投资环境正在发生深刻变化——资金向行业头部企业集中。(2017 年 12 月 11 日《经济日报》)

【头部产品】 tóubù chǎnpǐn　在行业内或领域内处于领先地位的产品。例 据 MOOC 学院近期邀请的喜马拉雅 FM、千聊等知识共享领域头部产品调查发现,在线教育新颖学习形式、平台进入人们视野后,绝大多数人愿意为知识付费。(2017 年 7 月 20 日《北京晚报》)

【*投喂】 tóuwèi　动词。给小动物投食;用食物喂小动物。现指主动给予自认为对方喜爱或需要的东西。例 在基础教育阶段,我们习惯了被老师"投喂",而忽视了主动学习能力的培育,这与大学的学习方式截然不同。(2018 年 11 月 20 日《光明日报》)

【屠榜】 túbǎng　动词。指网络游戏中玩家战胜了其他人而成为榜首。现用来指排名位于首位。因游戏中需要"武力"战胜其他玩家,故称。例 由爱奇艺独家播出,无时差上线中文字幕的《太阳的后裔》自播出以来,收视率、播放量以及话题热度在中韩两地一直居高不下,国内除呈现屠榜之势外,3

月2日第三集播出后更是势如破竹，播放总量轻松突破一亿大关，人气爆棚。（2016年3月3日人民网）

【团粉】 tuánfěn 名词。指喜欢某一明星偶像团体中所有成员的粉丝。与“唯粉”相对。例 一群具有一定相似点的明星聚在一起也更容易产生火花，具有团魂，于是明侦团很快就拥有了自己的“团粉”。（2019年2月14日《新京报》）

【托尼老师】 tuōní lǎoshī 理发师的代称。字面上有拜托你（谐音“托尼”）剪得好一点儿的意思，故称。例 今年八月，小吴被路边理发店坑了，那个“托尼老师”只是修了修他的发际线、鬓角和眉毛，却开口要四万元。（2018年9月23日《北京青年报》）

【脱粉】 tuōfěn 动词。网络用语。指不再喜欢、关注某个明星，即脱离粉丝组织，不再是其粉丝。例 面对偶像如此卑劣的行为，粉丝脱粉，路人唾弃，金贤重难以洗白了。（2016年12月21日搜狐网）

W

【外佣】 wàiyōng 名词。指外籍的家庭佣工。例“黑中介”的背后是“黑监管”，外佣一路绿灯进入国内雇主家庭，说明行政机关对中介监管不到位，给了不法分子钻空子的机会。（2017年9月12日《中国青年报》）

【网贷】 wǎngdài 名词。“网络贷款”的简称。指通过互联网实现的直接贷款。例银监会发布了网贷平台“四条红线”:明确平台的中介性质,明确平台本身不得提供担保,不得将归集资金搞资金池,不得非法吸收公众资金。(2016年3月2日《中国青年报》)

【网络扶贫】 wǎngluò fúpín 指发挥互联网的作用,助推治贫脱贫工作。2016年10月中央网信办、国家发展改革委、国务院扶贫办联合印发的《网络扶贫行动计划》,正式提出实施“网络覆盖工程、农村电商工程、网络扶智工程、信息服务工程、网络公益工程”五大工程。例构建网络扶贫信息服务体系,加快贫困地区互联网建设步伐,扩大光纤网、宽带网有效覆盖。(2016年7月28日《光明日报》)

【网络空间主权】 wǎngluò kōngjiān zhǔquán 国家在网络空间所掌握的主动权。2015年7月1日十二届全国人大常委会第十五次会议通过了《国家安全法》。在这部法律中明确提出“维护网络空间主权”。例7月1日公布的《国家安全法》提出,要“加强网络管理,防范、制止和依法惩治网络攻击、网络入侵、网络窃密、散布违法有害信息等网络违法犯罪行为,维护国家网络空间主权、安全和发展利益。”(2015年7月10日《中国青年报》)

【网文】 wǎngwén 名词。“网络文学”的简称。也指通过网络平台流传、传播的文学作品。例网络的江湖中,没来由的网帖多的是,好些赚足眼球引发口水战,带来惊恐声叫好声骂声一片的“网文”,很快就被证伪,甚至被认定为谣言骗局,被追责。(2016年2月16日《中国青年报》)

【违停】 wéitíng 动词。“违规停车”的简缩。例交管部门为巡警配备了相机，发现违停车辆，可以贴条拍照，然后再将执法单据转交交管部门，由交警负责录入。（2015 年 4 月 24 日《北京晚报》）

【污名化】 wūmínghuà 动词。把不好的名声以至罪名无端地强加于人，企图使人声誉受损。例上海女逃离江西农村男友家，行文风格接近朋友圈家长里短类热文的特点，它最大的作用是再次挑起了“地域歧视”这个老旧话题，也借题发挥进一步污名化农村青年。（2016 年 2 月 19 日《中国青年报》）

X

【吸猫】 xīmāo 动词。指因为喜爱猫而亲猫、抱猫或闻猫的气味等。例她每天早晨起来就是躺在床上“吸猫”，这是个新词儿，就是把猫抓过来一通闻，她早上就干这个。（2017 年 7 月 7 日《新京报》）

【*洗地】 xǐdì 名词。清洗地面。指在互联网上为自己或替别人洗刷不光彩的事情。例在信息发布时“睁着眼睛说瞎话”，或是在网络上给自己“洗地”，分分钟都可能被网友用铁证揭穿，再想获得公众信任就难了。（2016 年 7 月 29 日《中国青年报》）

【喜提】 xǐtí 动词。高兴地得到某样东西。例曾因一场荒诞的人际纠纷，我被困高原山村的破院子三天三夜，然而在焦灼中瞥见了雪山——后来才得知，那里竟是独一无二的最佳观景点，不惹麻烦的“正常人”根本没机会“喜提”惊艳。(2018 年 11 月 30 日《中国青年报》)

【*下沉】 xiàchén　动词。往下沉；沉下去。现也指由高端向低端拓展，或人员从机关到基层办公或锻炼。例“常态化下沉基层”给了他这样的机会。2015 年，他作为第一批下沉干部，来到了黑龙江省牡丹江林口县。(2016 年 1 月 4 日《中国青年报》)

【显功】 xiǎngōng　名词。显露在外的功劳，现多指领导干部做的老百姓看得见、摸得着、得实惠的实事。例人的时间、精力有限，是追求立竿见影的显功，还是追求利在长远的潜功，需要取舍平衡。(2018 年 3 月 15 日《人民日报》)

习近平总书记在参加十三届全国人大一次会议山东代表团审议时强调：既要做好显功，也要做好潜功。“显功”就是让人民看得见、摸得着、得实惠的实事，对群众提出的问题马上办，及时给予满意的答复，这样才能提升人们的幸福感，让党的事业长远发展。青年干部的工作也要有标志性的成果，否则会陷入懒政怠政、不思进取的泥淖。青年干部要立足实践，立足基层，站在人民的立场，想实招、办实事、出实效，做出经得起人民、历史检验的答卷。

【消杀】 xiāoshā　动词。“消毒杀菌”的简缩。例及时组织开展卫生消杀和防疫工作，确保灾后卫生防疫到位，防止出现疫情。(2016 年 7 月 25 日《中国青年报》)

【新发展理念】 xīn fāzhǎn lǐniàn　指创新、协调、绿色、开放、共享的发展理念。2015 年 10 月 29 日，习近平总书记在党的十八届五中全会第二次全体会议上的讲话中提出。例 新发展理念符合我国国情，顺应时代要求，在理论和实践上有新的突破，对破解发展难题、增强发展动力、厚植发展优势具有重大指导意义。（2016 年 4 月 29 日《人民日报》）

【新工科】 xīngōngkē　名词。以互联网和工业智能为主要特征的、与新兴产业有关的工科专业，如机器人工程专业、新能源科学与工程专业、数据科学与大数据技术专业等。例 日前在复旦大学召开的综合性高校工程教育发展战略研讨会，针对新经济对工程教育的需求和挑战等问题，达成了“新工科”建设“复旦共识”，提出要服务以新技术、新业态、新产业、新模式为特点的新经济发展。（2017 年 4 月 21 日《人民日报》）

【新文科】 xīnwénkē　名词。将新技术融入哲学、文学、语言学等课程之中的新型文科。例 近来，围绕应对新一轮科技革命和产业变革的挑战，关于建设我国高等教育“新工科”的讨论持续升温。应当看到，我国高等教育要培养时代所需的创新人才、高素质人才，不仅需要建设“新工科”，也需要建设“新文科”，加强哲学社会科学的教学和科研创新。（2018 年 10 月 8 日《人民日报》）

【新型主流媒体】 xīnxíng zhǔliú méitǐ　依托互联网平台，以媒体融合为主要特征的主流媒体。例 让媒体融合尽快从相“加”迈向相“融”，着力打造新型主流媒体，以传统主流媒体的内容优势赢得新媒体条件下的传播优势。（2016 年 2 月 23 日《中国青年报》）

【信息茧房】 xìnxī jiǎnfáng　指人们关注的信息领域会习惯

性地被自己的兴趣所引导，加上大数据时代信息的有选择推送，使人们的生活像被关在蚕茧一般的“茧房”中的现象。[例]算法主导的信息推荐技术，助推构建起一个个充斥劣质低俗内容的“信息茧房”，不仅让用户深陷其中、难以自拔，而且容易形成舆论生态的“劣币驱逐良币”。（2018 年 5 月 2 日《人民日报》）

【蓄力】　xùlì　动词。积蓄力量。[例]在长达两年的“蓄力”之后，大宁板块的新增供应有望在今年“井喷”。（2015 年 4 月 23 日《新民晚报》）

【宣推】　xuāntuī　动词。宣传推广。[例]近些年来，国产电影无论在数量上还是质量上，都呈现了飞速发展的强劲势头，在娱乐大时代，首映礼、明星见面会、新闻发布会等传统且单一的营销方式显然已经不能满足电影日益增长的宣推需求。（2017 年 7 月 20 日《北京青年报》）

【血赚】　xuèzhuàn　动词。以非常低的投入得到非常高的收益。[例] 2017 年 5 月，B 站发布公告，禁用“三年血赚”等低俗梗。（2018 年 3 月 19 日人民网）

Y

【颜控】　yánkòng　名词。指非常看重容颜外貌的人。[例]时下，“颜控”一族正在年轻人中悄然流行，他们往往非常看重长相，喜欢以相貌来评价他人。（2014 年 8 月 26 日《中国青

年报》)

【异宠】 yìchǒng 名词。另类宠物，如蜥蜴、豚鼠等。例树蛙色彩丰富、观赏性极高，因此成为很多异宠玩家的新宠。(2017 年 5 月 5 日《北京晚报》)

【硬科幻】 yìngkēhuàn 名词。指以物理学、化学、生物学、天文学、心理学、医学等为基础的科学技术或科学猜想推动情节发展的科幻作品。与“软科幻”相对。例和《侠盗一号》《太空旅客》这种可乐爆米花式的软科幻不同，《降临》属于硬科幻范畴，它没有天崩地裂的大场面，没有城市浩劫，情节也较为写实，故事让人信服。(2017 年 1 月 24 日《北京晚报》)

【元气满满】 yuánqì mǎnmǎn 非常有朝气；精神饱满。“元气”源自日语“元気(げんき)”，意思是“精神、健康”。例我开始享受在这个步履匆忙的城市每一次健身时的畅快淋漓，开始享受走在回家的路上，觉得自己元气满满，好像无所不能的样子——而在此之前，我好像并不相信会有这么一天。(2016 年 1 月 19 日《中国青年报》)

【院感】 yuàngǎn 动词。“医院感染”的简缩。指病人或工作人员在医院内部感染并产生临床症状。例院感涉及到临床的多个科室和环节，要把院感有效融入医疗质量安全保障的全过程，提升全员意识。(2016 年 10 月 27 日《中国青年报》)

【云办公】 yúnbàngōng 动词。基于互联网的线上办公。例一些现代企业早已实现远程办公、“云办公”，轻装上阵释放出巨大的效益与活力。机关事业单位也完全有空间，在加强保密性的同时，实现办公模式的转变，既治理“眼皮下的

浪费”,更提高办公效率。(2016 年 8 月 15 日《人民日报》)

【云治理】 yúnzhìlǐ 动词。依托大数据对政府和大企业等进行的先导性治理。例“云治理”是国家治理发展的最新趋向,其治理主体、治理对象和治理逻辑等已大大超越传统国家治理的范畴,增添了虚拟治理、数据治理、流动治理、开放治理等新内容。(2017 年 1 月 20 日《人民日报》)

Z

【*在线】 zàixiàn 名词。指在某种系统的控制过程中,现多指在互联网上。网络用语指某种能力、程度在很高的水平上,并得到认可。例演员阵容方面,《青云志》囊括了李易峰、赵丽颖、杨紫在内的众多“鲜肉”“鲜花”,他们的亮相让网友们高呼“颜值在线”。(2016 年 8 月 2 日《广州日报》)

【在线教育】 zàixiàn jiàoyù 见“远程教育”。例这些开课通知的背后是在职教师纷纷试水“在线教育”。作为一种新的教学模式,在线教育搭乘“互联网+”的快车发展迅猛。(2016 年 8 月 27 日《中国青年报》)

【扎心】 zhāxīn 形容词。网络用语。指内心受到了极大的打击和刺激。例近日,杭州市一位三年级小学生写出九大理由“怒怼”不让玩《王者荣耀》的父母,其中那句“小孩的世界你们不懂”,更是令不少父母深感“扎心”。(2017 年 9 月 4 日《中国青年报》)

【真人老师】 zhēnrén lǎoshī　指非机器或人工智能(AI)老师。例机器识别出孩子的10个错误可能也没用,相反,真人老师只要找出3个错误并有效地解决,孩子就会进步,因此AI无法代替真人老师的角色。(2018年11月12日《新京报》)

【政务处分】 zhèngwù chǔfèn　国家监察机关对违法的公职人员给予的纪律处分和惩戒。《中华人民共和国监察法》第十一条和第四十五条明确规定,监察委员会"对违法的公职人员依法做出政务处分决定",这是"政务处分"首次以法律的形式明确下来。例用"政务处分"代替"政纪处分",调整处分审批权限,依法对职务违法犯罪的公职人员做出处置。(2017年11月6日《人民日报》)

【*中央厨房】 zhōngyāng chúfáng　将菜品用冷藏车配送,全部直营店实行统一的采购和配送方式。现指媒体的全媒体信息处理平台。因其实行"一次采集、多种生成、多元传播"的新闻生产与传播机制,与"中央厨房"的管理运作方式类似,故称。例《人民日报》进一步优化全社新闻信息生产的体制机制,按照"一次采集、多种生成、多元传播"的模式,通过打造全媒体新闻平台"中央厨房",建立内容丰富、形态各异、载体多样、覆盖广泛的现代传播体系。(2015年7月6日《人民日报》)

【重度用户】 zhòngdù yònghù　经常使用某产品的消费者。商家常根据产品使用频率的高低将消费者群体划分为轻度、中度和重度。例调查显示,83.5%的受访者使用过O2O服务,其中,21.0%的受访者经常使用,属于CNNIC

(中国互联网络信息中心)定义的"重度用户"。(2015 年 6 月 29 日《中国青年报》)

【走班制】 zǒubānzhì 名词。指我国中学推行的一种新教学模式,与大学类似。学生根据自己的兴趣和需求在不同教室中流动上课。例走班制教学意指上课的教师和教室固定,学生根据自己的学习能力和兴趣选择适合的班级上课。在国内,走班制已是大学盛行的一种上课模式,但在中学还是一种相对新鲜的事物。(2017 年 10 月 19 日《南方都市报》)

【*最后一公里】 zuìhòu yī gōnglǐ 原指长途跋涉的最后一段路程。现引申指完成一项重大项目或工程最后的、关键性的工作。例坚持用科学理论武装青年,用核心价值观引领青年,正面宣传教育与分类引导相结合,从大处着眼、小处着手,在打通服务青年的"最后一公里"上下功夫。(2016 年 2 月 14 日《中国青年报》)